脂肪吸引革命

長野寛史
NAGANO HIROSHI

幻冬舎MC

脂肪吸引革命

はじめに

仕上がりがキレイで、傷跡も小さく、痛みの少ない脂肪吸引の手術があるとしたら――それこそが「脂肪吸引革命」です。

脂肪吸引はかつて、歩けないほどの痛みを伴い入院を必要とする、目立つ傷跡ができてしまう、といったマイナス面も多い手術でした。本書の読者にも「怖い」「痛そう」などというイメージを抱いている方が多いのではないでしょうか。

痩せて美しいスタイルを手に入れたいという願いを叶えるはずの手術なのに、それにより見た目がどう変化するかや、どんな負担がかかるかには目が向けられていなかったのです。

しかし、どんな技術も時代とともに進化し、それにより提供されるサービスの質もまた、よりよくなっていくものです。科学技術や医学の進歩に伴って、脂肪吸引もまた、もっと負担なく、患者さんの思いに応える手術になって当然のはず――。

そんな思いに突き動かされ、私は脂肪吸引の手術をよりよいものにするために、その知識や技術を習得すべく研鑽を積み重ねてきました。

私は東京慈恵会医科大学医学部を卒業後、大学病院での勤務を経て、美容外科医となりました。

疾患や外傷を治療して患者さんを健康な状態まで回復させる通常の医療と違い、美容医療は患者さんの状態をよりよくする医療であり、治療により患者さんの美しさ、心の豊かさまでも実現できます。「プラスを生み出す医療」ともいえる美容医療に大きな魅力を感じ、可能性を追求してみたいと思ったのです。

そのために、より高いレベルの技術を習得すべく、ボディデザインにおける芸術と形成外科の融合分野で体のバランスの美しさを追求できる「VASER® 4D Sculpt™」や、自身の体から吸引した脂肪をボリュームアップしたい箇所に注入する「コンデンスリッチファット療法」の認定資格を取得しました。

最新の脂肪吸引なら、痛みや傷跡は手術中や手術後のケアの工夫で最小限にすることができます。かつてのように入院しなければならなかったり、術後の傷跡を気にしたりする必要はありません。

早く、ラクに、美しく痩せられる。

脂肪吸引は、多くの女性にとって願ったり叶ったりの痩身方法なのです。

しかし、残念ながらこれらの技術はすべてのクリニックで実践されているわけではありません。昔ながらで進歩のない手術を行っている医師も少なからずいます。さらに問題なのは、そうした手術により、いまだ脂肪吸引に対して間違ったイメージを持っている人が多いことです。

そこで、本書では、6000件以上の脂肪吸引・注入を手掛けてきた私の知識と経験をもとに、脂肪吸引手術の最先端の情報をご紹介していきます。ベイザー脂肪吸引という最新技術の概要、手術の流れ、手術で見込める効果まで解説しています。

正しい知識や最新治療について、実際の体験者の例や写真なども示しながら分かりやすくお伝えすることを心がけました。さらに、美容外科や医師を選ぶ際の見極め方についても、ページを割いてご説明しています。納得のいく手術を受けるには、クリニック、そして医師選びが重要だからです。

本書を読むことで、脂肪吸引が痩せたいと願う女性の選択肢の一つとなれば、これに勝る喜びはありません。

目次

第1章 痩せるだけじゃない。「キレイをつくる」脂肪吸引の新常識

第2章
「ベイザー」ならココまでできる！進化し続ける脂肪吸引手術の実力

第3章

事例写真でみる 部位別・脂肪吸引の実際

第4章

「腕のいいドクターと巡り会うこと」がカギ 脂肪吸引を成功に導く病院・医師の選び方

第5章

「脂肪吸引」で理想のカラダと輝く未来を手に入れよう

第1章

痩せるだけじゃない。「キレイをつくる」脂肪吸引の新常識

脂肪吸引＝「キレイなスタイルをつくる」手術である

脂肪吸引とは、その名の通り、体についた脂肪を吸引する手術です。

しかし、はじめにでも触れたように、ただ脂肪を吸引するだけではありません。脂肪を吸引することで、自分が理想とする「キレイなスタイルをつくる」手術である、というところがポイントです。

脂肪吸引を希望される方のなかには、脂肪がたくさんついている方もいますが、そうでない方も多くいます。それぞれの患者さんに合った適正な脂肪量を吸引し、スタイルアップを図ります。

痩せている方から脂肪を吸引し、肉付きをよくしたい部分に注入して、ボリュームアップを試みることも多いです。

あくまでも脂肪をとることでキレイになるのが目的ですので、**せっかく脂肪を取り除くことができても、仕上がりがキレイでなくては意味がありません。**

そのため、脂肪吸引により皮膚に不自然な凹凸や溝などができないように、手術は患者さんそれぞれの骨格や皮膚の質感、収縮力までを考慮して行われます。

さらに、細く、スタイルがよくなったからこそ、「水着を着たい」「ショートパンツをはきたい」という夢を抱く人も多いでしょう。そのときに、お尻の真ん中や膝、お腹などの目立つ部位に傷跡があると台無しですから、「傷をつくる位置」を目立たない部位にすることにも徹底的にこだわります。

こうしたさまざまな工夫と技術により、理想の美のスタイルを追求するのが脂肪吸引の本質なのです。

脂肪吸引最大のメリットは「時短で部分痩せ」

脂肪吸引のメリットはたくさんありますが、私はその最大の魅力を「即効性」だと考えています。

例えば結婚式のように人前でドレス姿を披露することもあるでしょうし、撮影などのお仕事で露出の多いファッションを求められる人もいるかもしれません。「痩せたほうが仕事で結果を出せる」という局面も想定できます。

「いちはやく痩せて効果を出したい」というときに頼もしい味方となってくれるのが、脂肪吸引なのです。

では、脂肪吸引で「キレイになるまで」に、実際はどれくらいの日数がかかると考えておけばよいのでしょうか。

極端なことを言うと、手術室のスケジュールを押さえられれば、すぐに手術は可能です。ですから部位によっても多少違いますが、通常手術後2~3日で元の生活に戻ることができます。

ただ、「よりベストな見た目」で大事な日に臨みたいのであれば、もう少し余裕をみたほうがよいでしょう。

例えば二の腕を脂肪吸引した場合、術後約２週間、内出血が見られることがあります。また、皮膚が縮み、だんだんとボディラインが仕上がるには、通常数週間という時間を要します。

ですから、結婚式や仕事の本番の日など「痩せてベストな状態でいたい日」から逆算し、１カ月前には手術を受けてもらうのがおすすめです。

脂肪吸引はどんな年齢、どんな人でも受けられる

脂肪吸引には、「手術を受けられる年齢の幅が広い」という特徴もあります。

年齢制限はありません。

例えば10代の未成年の方でも、保護者の同意があれば手術を受けることは可能です。もちろん、カウンセリングの際は保護者が同席することもできます。

一方、年齢を重ねた方でも効果は期待できます。

ただし、年齢により皮膚の収縮力には違いがあります。フェイスラインをどこまで理想通りにできるかなど、手術をしてみないと分かりません。

年齢が上がるにつれ、皮膚の弾力性は失われていきます。そのため、脂肪吸引をしたあとに皮膚が引き締まる力が若い方と比較すると弱くなってしまうのです。

もちろん「現状よりも悪化してたるむ」ということはありません。その点の心配はしなくても大丈夫です。

このほか、よく患者さんから尋ねられる、既往歴に関する質問をみていきましょう。

【食べ物のアレルギーがある】

食べ物のアレルギーは、手術には基本的に影響ありません。

ただ、大豆アレルギーがある場合は麻酔方法を変更することもありますので、事前に伝えておくと安心です。

【喘息の既往歴がある】

喘息の既往歴も気にされる方は多いですが、基本的に問題はありません。

もし、治療の吸入器をお持ちの場合は、手術の際に持参しておくと安心です。

【授乳をしている】

病気ではありませんが「授乳中でも脂肪吸引はできますか？」という声もよく聞きます。

授乳中でも、手術はもちろん可能です。

ただ「静脈麻酔」が母乳に影響する可能性があるため、手術日と翌日は授乳を控える必要があります。

【過去に受けた手術などで体に傷跡がある】

過去に受けた手術の傷跡が、仕上がりに影響することはありません。

例えば、帝王切開の傷跡などがあっても問題なく脂肪吸引はできます。実際に傷跡があっても手術を受ける患者さんはたくさんいます。

【過去に美容医療を受けている】

「脂肪溶解注射を受けたあと、脂肪吸引をするまでにどのくらいの期間を空けたほうがいいですか？」など、過去に受けた美容医療がどのように影響するかも、よく聞かれる質問です。

脂肪溶解注射を受けたあと、いつ脂肪吸引を行ってもまったく問題ありません。極端な話ですが、脂肪溶解注射を受けた翌日にでも脂肪吸引は可能です。

【糖尿病がある】

病気をお持ちの方で唯一手術が難しいのが、「糖尿病を治療中の方」です。

糖尿病の場合は、「血糖コントロールが今現在どの程度なのか」を、検討する必要があります。症状が軽度の場合や血糖コントロールが良好な方の場合は、脂肪吸引も可能です。血糖コントロールが悪い状態で手術を行うと、術後の感染症や皮膚トラブルなどのリスクが著しく上昇します。

現在服用している薬、ＨｂＡ１ｃの値、血糖値の直近の推移が分かるものを持参して臨むとよいでしょう。ただ、先に糖尿病を完治させてからご検討いただくほうが安全です。

そのほか制約を挙げるとするなら、脂肪吸引をしたあとの「脱毛」については注意が必要です。

例えば、全身脱毛に定期的に通っている場合、術後10日ほどはお休みすることが必要です。脱毛は皮膚の色に反応するため、内出血がある術後10日以内に脱毛すると色素沈着ややけどを起こす恐れがあります。

しかし、このほかに特に「こういう状況だから脂肪吸引できない」という例はありません。つまり、糖尿病の治療中などを除いたほとんどの場合、脂肪吸引を受けることができるのです。

脂肪吸引はオーダーメイドが基本である

脂肪吸引を受ける方には、一人ひとり理想としているスタイルがあるはずです。それと同時に、生まれ持った身長や骨格、体型など、変えにくい条件があります。そこに、年齢、体重といった条件も加わります。

脂肪吸引では、これらを踏まえながら、「その人にとってのキレイなスタイル」という落としどころを探り、形にしていきます。

同じ年代であっても、身長や体型が違えば「その人にとってのキレイなスタイル」は異なることがあります。

ですから、脂肪吸引手術はおのずと「オーダーメイド」になってきます。

「十分細い」と思われる患者さんでも、「二の腕をもっと細くして、自分の理想に近づけたい」ということであれば、医師はその気持ちに寄り添って手術を行います。

先にも述べましたが、体のシルエットの美しさを考えると、脂肪をすべて取ればよいというわけではなく、全身のバランスを整えることが大切になってきます。

ただ単純に「一部の脂肪を集中的に取る」「すべての脂肪を取る」だけでは、「美」を感じられなくなってしまう可能性もあるのです。

ボディラインがキレイな人の体には、クビレがきちんとあるように、メリハリをきかせることも必要です。

ですから、手術前には患者さんと徹底的にカウンセリングを行い、「その人にとってのキレイなスタイル」がどんなものかを共有し、できる限り患者さんの理想が実現するよう手術を行います。

脂肪吸引は
どこのクリニックでやっても
一緒？

脂肪吸引のクリニック（病院なども含む）にもさまざまな種類があります。どこのクリニックでも同じ手術を受けられるのなら、クリニックを選ぶ必要はありませんし、一番安いクリニックで手術を受ければよいはずです。

当たり前ですが、そんなことはありません。

具体的には、**「仕上がり」「術後の痛み」「傷をつくる位置」がクリニックにより大きく変わります。**

「仕上がり」がよくても、術後の痛みがひどくて、傷跡が目立つ、というクリニックもあるでしょう。また逆に、「傷跡」は目立たないけれど、「仕上がり」がイマイチ、というクリニックもあるはずです。

ですから、皆さんは何を重要視したいかを考えて、自分にとっていちばんよいクリニックを選ぶ必要があるのです。

「思っていたより痛くない」
ことがほとんど

はじめにでも述べましたが、「脂肪吸引は痛い」というイメージが以前から一人歩きしています。

そのせいでしょうか、手術を終えた患者さんたちの感想のなかで最も多いのは、「思っていたよりも痛くなかった」というフレーズです。

患者さんたちにそんなふうに喜んでいただくために、それぞれのクリニックでは独自に日々、工夫を重ねています。

術後の痛みは、腫れることで生じます。そのため、痛みの軽減には、「麻酔液を抜いて腫れを軽くする」というプロセスが重要です。

手術後、麻酔液が体に残っていると痛みが強くなります。そのため、いかに麻酔液を術後に取り除くかが、術後の痛みを減らすポイントの一つになるのです。

意外に感じられるかもしれませんが、脂肪を取る手術の最中は麻酔で眠っているため、痛みを感じないことがほとんどです。痛むのは手術の２〜３日後です。

脂肪は、取れば取るほど、その後むくむようになっています。その期間に痛みが生じるのです。

とはいえ、その期間にデスクワーク系の仕事に出勤できる患者さんもいます。痛みの感じ方は個人差が大きいのです。ですから、念のため鎮痛剤をお渡しする場合が多いです。

しかし「案外痛みがなくて、いつもどおりに生活できた」「鎮痛剤をすべて飲む必要がなくて、余った」という方がほとんどです。

ちなみに、痛みは体のパーツによってもまったく異なります。

痛みが少ないのは「顔」「二の腕」。

痛みがほかと比べて出やすいのは「お腹」「太もも」です。これは、比較的脂肪の量が多く取れる部位だからです。

各部位の施術の事例については、第3章でご紹介します。

◇◇コラム◇◇

美容医療で垣間見える国民性の違い
～ボディ重視の欧米VS.顔の細部にこだわる日韓～

世界で人気の美容医療について調べると、〝お国柄〟がはっきりと表れます。国によって、どのような手術が人気か、まったく異なるのです。

例えば日本の場合、美容医療の手術件数の1位は「二重手術」、2位は「鼻」、3位は「脂肪吸引」というデータがあります。お隣の国、韓国でも、二重手術は決して珍しくない手術となっています。

ところがアメリカ、ヨーロッパなどを含めた全世界に目を向けると、1位は「豊胸」、2位は「脂肪吸引」。つまり、「ボディのメリハリ重視」という欧米に対して、日本人は「細部にこだわる」という特徴が見て取れるのです。

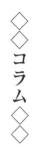

実際、アジア圏の日本や韓国では「二重専門のクリニック」が存在しますが、欧米ではお目にかかりません。「二重にするかどうかのような、体のごく一部のパーツよりも、まずは均整の取れたボディが大事」という共通認識があるようです。

欧米では「ジムで体を鍛えること」がスタンダードである点も、そんな意識の表れでしょう。ところ変われば「美」の基準も変わるのです。

そのような文化的な差異を熟知している海外在住の日本人女性は、クリニック選びに敏感です。海外のクリニックで手術を受けると、「その国で人気の形」に仕上げられがちだからです。

例えば欧米では、ヒップに段差ができるほど大きくする手術が大人気ですが、日本では緩やかな曲線を求める方が多いです。

アメリカではふくらはぎにボリュームを出すための注入治療が流行っていますが、日本人にはウケません。

このように、美の基準は国によってさまざまなのです。

第2章

「ベイザー」ならココまでできる！進化し続ける脂肪吸引手術の実力

体への負担を抑えるなら
「ベイザー脂肪吸引」が一番

ベイザー脂肪吸引とは、「ベイザー波」と呼ばれる振動エネルギーを管の先から出して脂肪細胞を乳化させ、「カニューレ」（細い管）で脂肪を吸引する方法です。体への負担を最小限に抑え、効率よく脂肪吸引ができます。

私はこれまでさまざまな脂肪吸引を経験してきましたが、「ベイザー脂肪吸引の効果が、明らかに最高峰である」と実感しています。

もちろん、脂肪吸引の結果は、方法や道具だけに左右されるものではありません。医師の腕（技術や経験）も大きく影響します。

とはいえ、最良の機械（ベイザーリポシステム：P36参照）があることで、医師もさらに力を発揮できます。

そもそもベイザー脂肪吸引とは、振動のエネルギーによって脂肪組織を遊離させる脂肪吸引技術の一つで、大きな特徴は次の三つです。

〈ベイザーリポシステム〉

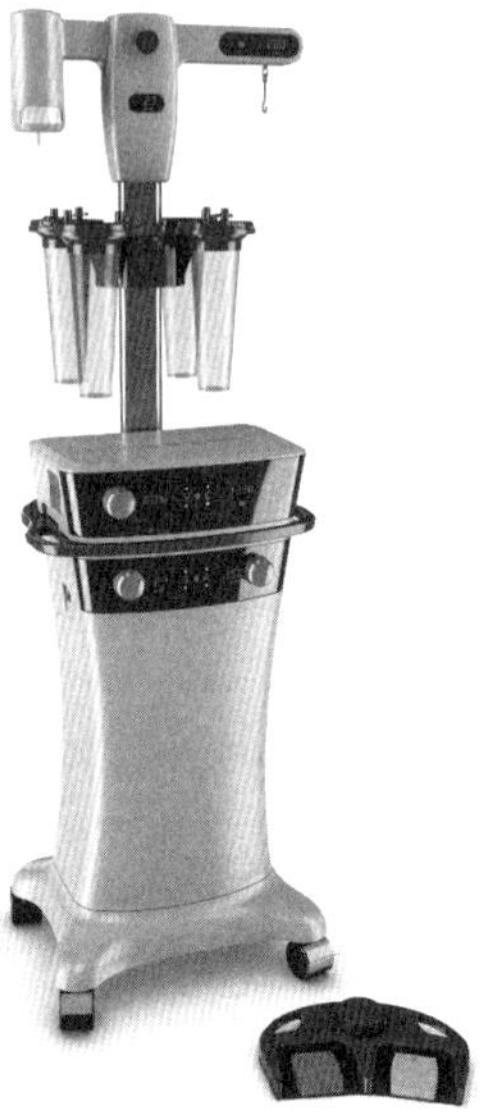

1. 短時間で手術ができる

脂肪組織周辺へのダメージを抑え、線維や血管、神経を温存させながら、刃のないカニューレで、元の位置から少し浮いた脂肪（遊離した脂肪）をやさしく吸引します。柔らかくなった脂肪は簡単に吸引できるため、短時間でより多くの脂肪を吸引することができます。

従来の方法では、刃の付いたカニューレで脂肪を削り取りながら吸引していたので、内出血や炎症が生じていました。

ところがベイザー脂肪吸引の場

合、侵襲を最小限に抑えることができるため、術後の痛みや出血、腫れなどが少なくなります。

デスクワーク程度なら翌日から可能です。

【ベイザー脂肪吸引のメカニズム】

①皮下脂肪層に麻酔液を注入する

皮下脂肪層に脂肪吸引専用の麻酔液を注入し、一時的に皮下脂肪層を膨張させます。

②ベイザー波で脂肪を乳化させる

脂肪組織だけに反応するベイザー波で脂肪細胞を遊離させます。皮膚と筋肉をつないでいる線維組織を傷つけないので、内出血はほとんどありません。

③カニューレで脂肪を吸引する

刃のないカニューレで脂肪細胞を吸引します。すでに脂肪細胞はベイザー波によって遊離しているので、血管や線維を傷つけることなく吸引できます。

①皮下脂肪層に麻酔液を注入する

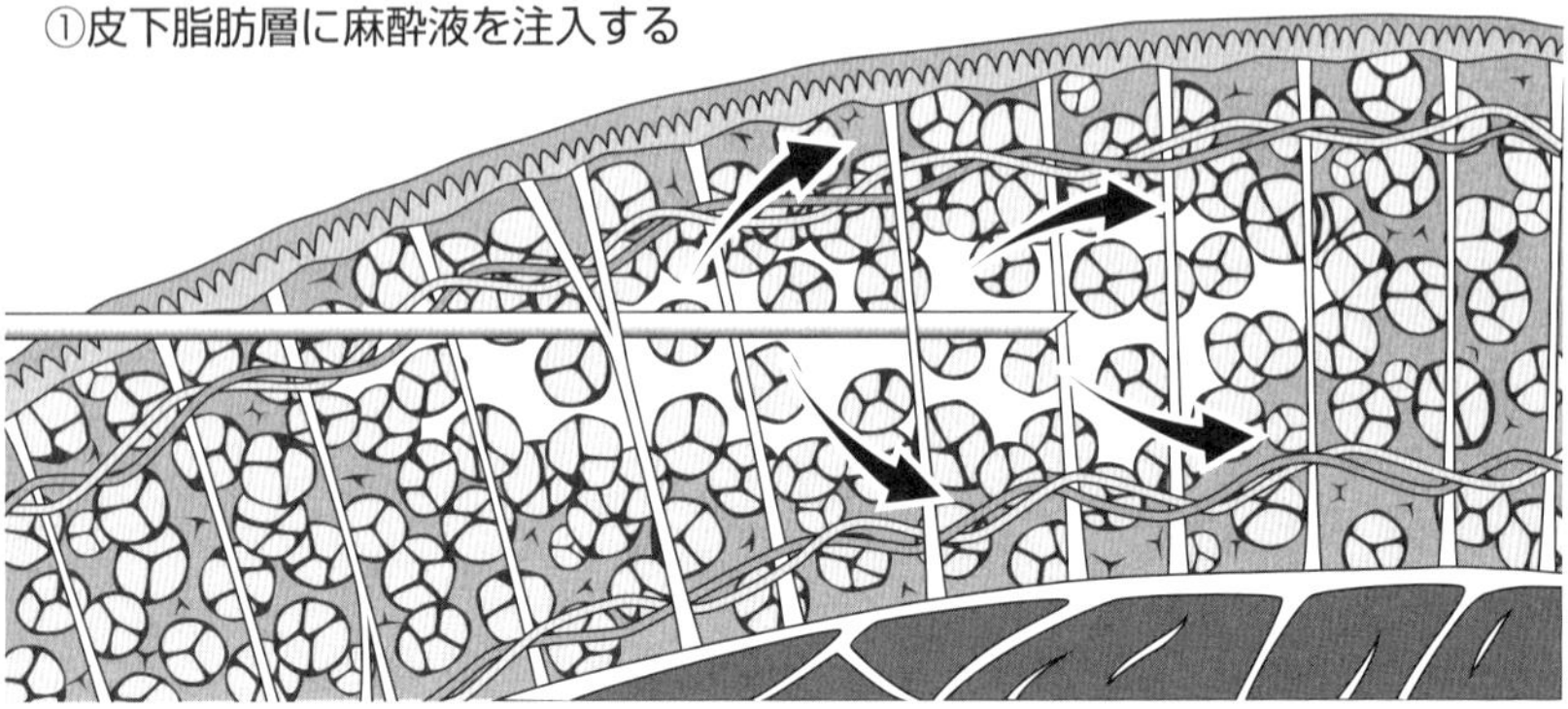

②ベイザー波で脂肪を乳化させる

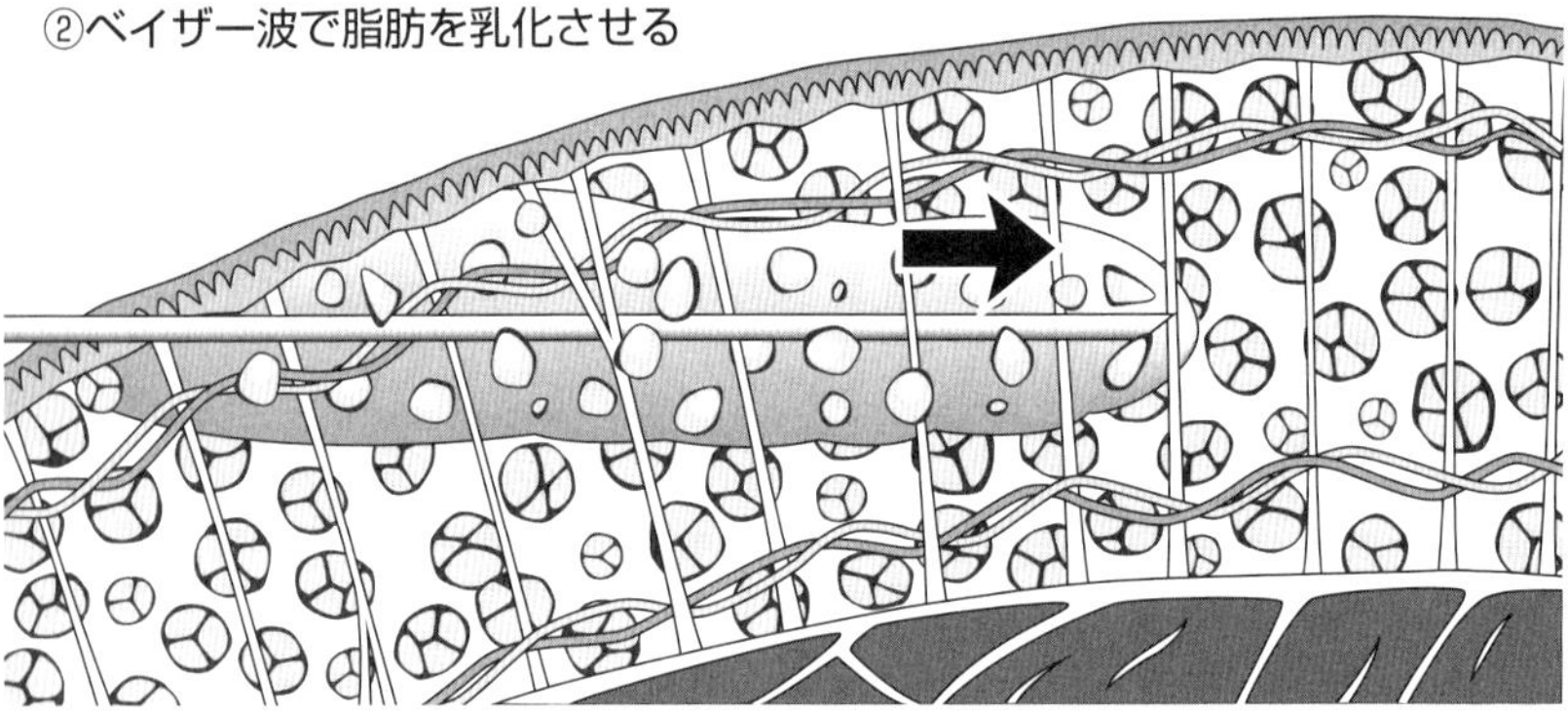

③カニューレで脂肪を吸引する

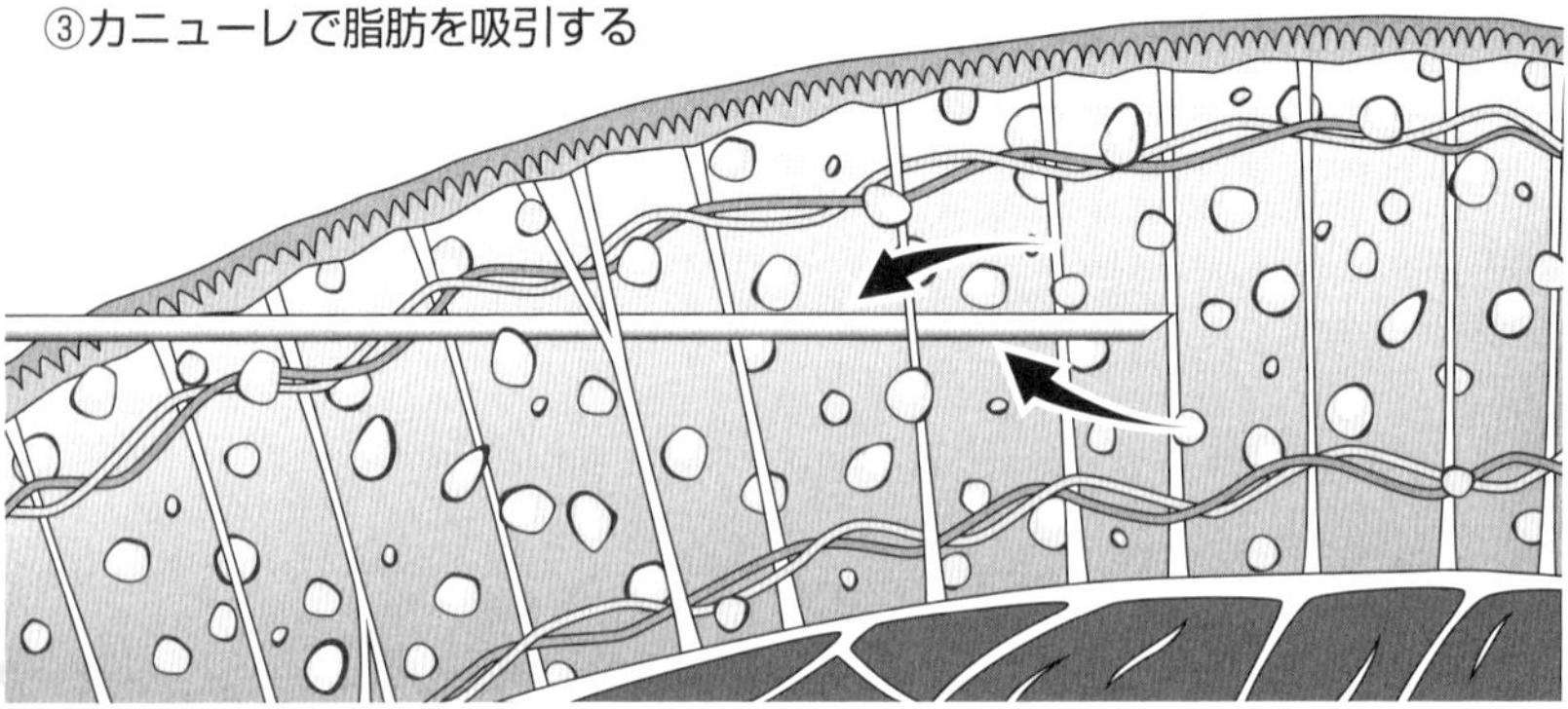

2．皮下直下の浅い部分の脂肪まで吸引できる

ベイザー脂肪吸引では「組織を断裂させずに脂肪を破砕すること」ができます。皮下の線維組織を傷つけることがないため、今まで取りきれなかった皮膚直下の浅い部分の脂肪層までを含めて、皮下脂肪の90％を除去できるようになりました。どの痩身の技術と比べても、抜群に効率が高いといえます。

3．吸引後の肌の引き締めに適している

ベイザー脂肪吸引では、組織を断裂させず、皮下の線維組織の構造を保ったまま脂肪を除去できるため、吸引後の線維組織に「元に戻ろう」とする作用が働き、皮膚はキレイに収縮します。肌のハリが不足することもありません。

また、線維質で硬くなった脂肪組織も柔らかくして遊離させる（取り除きやすいように浮かせる）ことができます。上腹部や背中はもちろん、過去の脂肪吸引の修正にも効果的です。再手術を行う方や、もともと痩せている方の脂肪吸引にも適しています。

【ベイザー脂肪吸引】

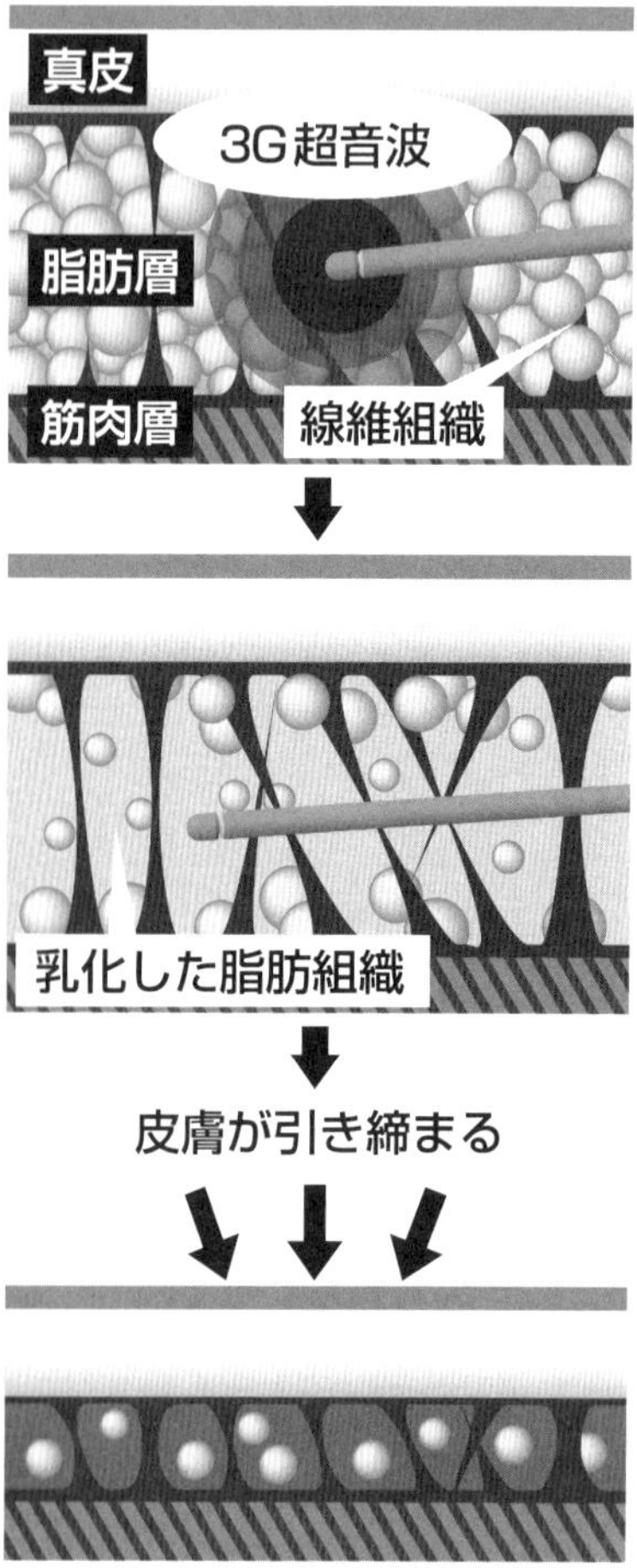

刃のないカニューレを使用することによって線維組織を傷つけない。また皮膚を引き締めながら、皮下脂肪の約90%を除去することができる

【従来の脂肪吸引】

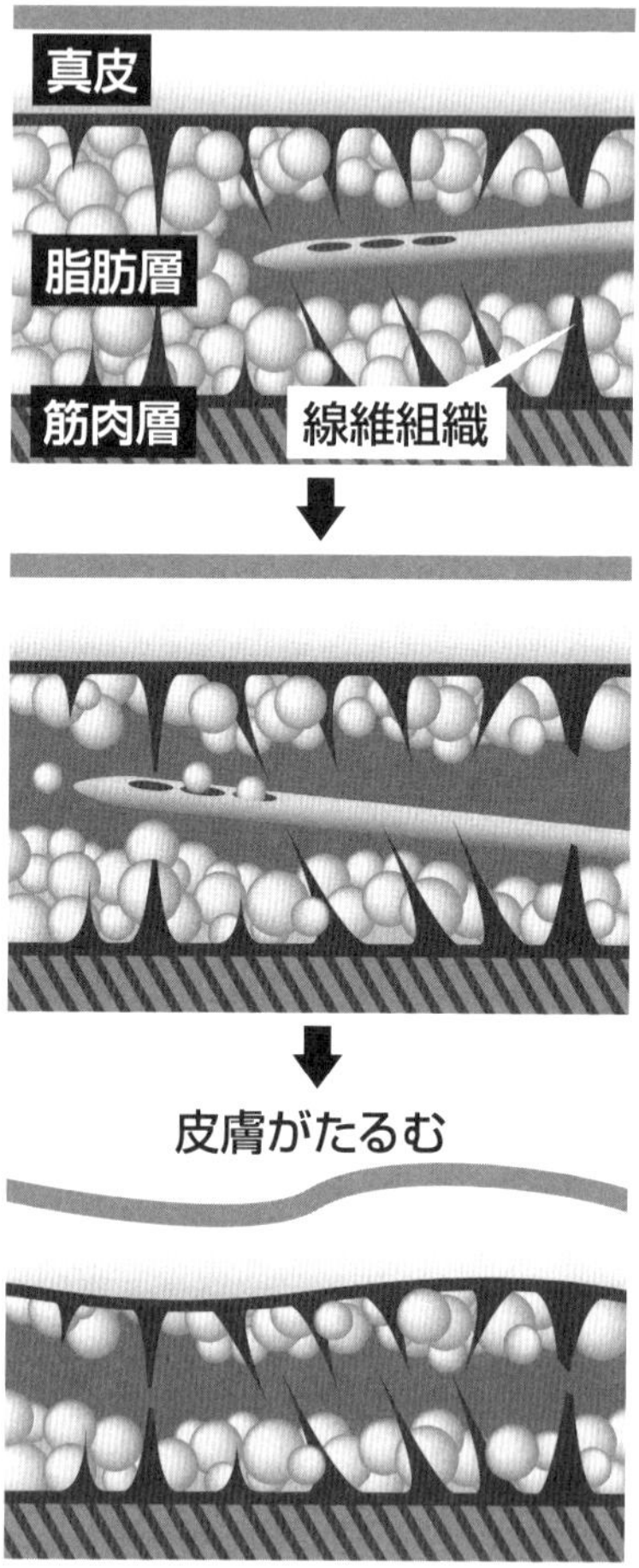

皮下脂肪の約70%の除去しかできない。また、刃の付いたカニューレの操作によって線維組織が傷つき、内出血やハリ不足が起こる可能性も高い

美しく脂肪を除去するには、部位ごとの脂肪や骨の構造などを考慮しなければなりません。先にも述べたように、脂肪をやみくもに除去するだけでは、肌に凹凸ができたり、アンバランスになってしまいます。

仕上がりの美しさを確保したうえで脂肪を除去する「4Dマルチレイヤー技術」（解剖学に基づいたデザイン技術であるVASER® 4D Sculpt™〔ベイザー4D彫刻〕の知識と先進的な技術力を融合させた脂肪吸引術）を用いれば、理想的な脂肪吸引が可能になります。

脂肪吸引後の入院は不要、シャワーも浴びられる

一昔前は、「脂肪吸引の手術後は入院が必要」という認識も一部にあったようです。

しかし、そんなことはありません。

もちろん、患者さんのご自宅が「クリニックから極端に遠い」という場合、近くにホテルをとり「手術当日は宿泊する」というケースはあります。

ただ、たいていはタクシーや交通機関などで帰ることができます。一人で手術を受け、そのまま一人で帰宅されるケースも珍しくありません。

クリニックも、自力で帰宅されることを基本としてとらえ、そのために万全の状態で仕上げています。

具体的にいうと、手術後に「手術した部分」を固定するために適切なテーピングを行い、サポーターを着用します。

その後、処方薬について説明し、術後の経過などについて「アフターカウンセリング」を行ったあと、お帰りいただくという流れです。ただ、車の運転は控えたほうがよいでしょう。

手術する部位によっては、本当に歩いて帰れるのか、心配される患者さんもいます。

例えば、歩くことと直結する太ももの脂肪吸引後は、大丈夫なのかと心配される患者さんが多いものです。確かに、太ももの手術後は強い筋肉痛のような痛みが生じることもありますが、手術当日は局所麻酔も入っているため、痛みを感じないことがほとんどです。そのため、歩いて帰宅できます（多くの場合、念のため、鎮痛剤が1週間分処方されます）。

また、お腹の脂肪吸引をされる方は、取り去る脂肪の量が多いことから「やはり宿泊をしたほうがよいのではないか」と思われるようです。

ですが、お腹の脂肪吸引の直後といえども、宿泊の必要は特にありません（もちろんどうしても不安な方は宿泊されても問題ありません）。

さらに、「手術当日にシャワーを浴びることができる」クリニックもあります。シャワーを浴びたあとにつける「固定着」（圧迫着）を着用すれば、問題はありません。

ただし感染予防のため「湯船につかる入浴」は、当日は避け、抜糸が終わった1週間後からにしたほうがよいでしょう。

一人で手術を受けて、歩いて帰れて、シャワーまで浴びることができる。現代の最も進んだ脂肪吸引手術は、普段の暮らしの延長線上にあるのです。

痛みがひどくなければ手術翌日から仕事に復帰できる

「術後、どれくらいで仕事や日常生活に復帰できるか」も気になるところでしょう。術後のダメージは、部位ごとに異なります。

最もダメージが軽い部位は「顔」「二の腕」「ふくらはぎ」などです。デスクワークなどに従事される女性の場合、「手術の翌日から仕事に行く」という人が多いです。術後といえども、痛みが少ないからでしょう。多少の違和感が生じることもありますが、鎮痛剤で十分に抑えられるので、仕事に集中できるようです。

反対に、少し負担を感じる部位は「お腹」「太もも」などです。

とはいえ、その場合でもほとんどの方が術後2～3日で仕事に行っています。内出血がある場合でも、2週間ほどでなくなります。その間だけ、露出に気をつけたファッションを心がければ、周囲に気づかれることはありません。

ただ、足の脂肪吸引については、筋肉痛のような痛みが出ることもあります。歩き方が少しぎこちなくなるケースもあるようです。

ほとんどの場合、3日後にはいつもどおり快適に歩けるようになりますが、気づかれることを避けたいときは「ジムで慣れない運動をしてしまった」「ジョギングを始めた」などの言い訳を用意しておくと安心です。

術後のダウンタイムを楽にするポイント

「ダウンタイム」とは「手術してから元と同じ生活を取り戻せるまでの期間」を指します。ダウンタイムは部位によって異なりますし、個人差もありますが、通常だと筋肉痛のような痛みが約1週間、内出血やむくみが2週間程度見られ、鎮痛剤で抑えることになります。

前にも述べましたが、この痛みの原因は術後の腫れにあります。

脂肪吸引をする際に、術中の出血や痛みを防ぐために手術部位に麻酔液を散布します。麻酔液は脂肪吸引をするうえで欠かせないものではありますが、腫れの原因にもなるのです。

ですから、なるべく腫れないようにすることで痛みを最小限にし、ダウンタイムを楽にすることができます。

一般的には、手術が終わった段階で、看護師が手動で麻酔液を絞り出します。しかし、これだけではあまり麻酔液が出ず、不十分です。

そこで、手術が終わったあとに、2段階で看護師が絞り出しを行い、「翌日縫合フォロー」という方法をとっているクリニックもあります。

傷を一日縫わずに開けておくことで、寝ているうちに大量の麻酔液が自然に出てきます。そのため、翌日の腫れがほとんどなく、痛みも最小限になるのです。

だったらどのクリニックも取り入れればいいのではないか、と思う方がいるかもしれません。しかし、翌日縫合をするとそのための部屋やスタッフを用意しなければならず、コストがかかってしまうため、なかなかできるものではありません。

また、なるべく細いカニューレを使用するということも、術後の痛みを軽くするポイントです。太いカニューレを使用するのに対して、組織のダメージが圧倒的に少ないのはイメージしていただければすぐに分かると思います。

それでは、ダウンタイムの期間中、脂肪吸引した部位はどのような状態になるのか。パーツごとにご紹介しましょう。

【二の腕の脂肪吸引】

術前　　翌日

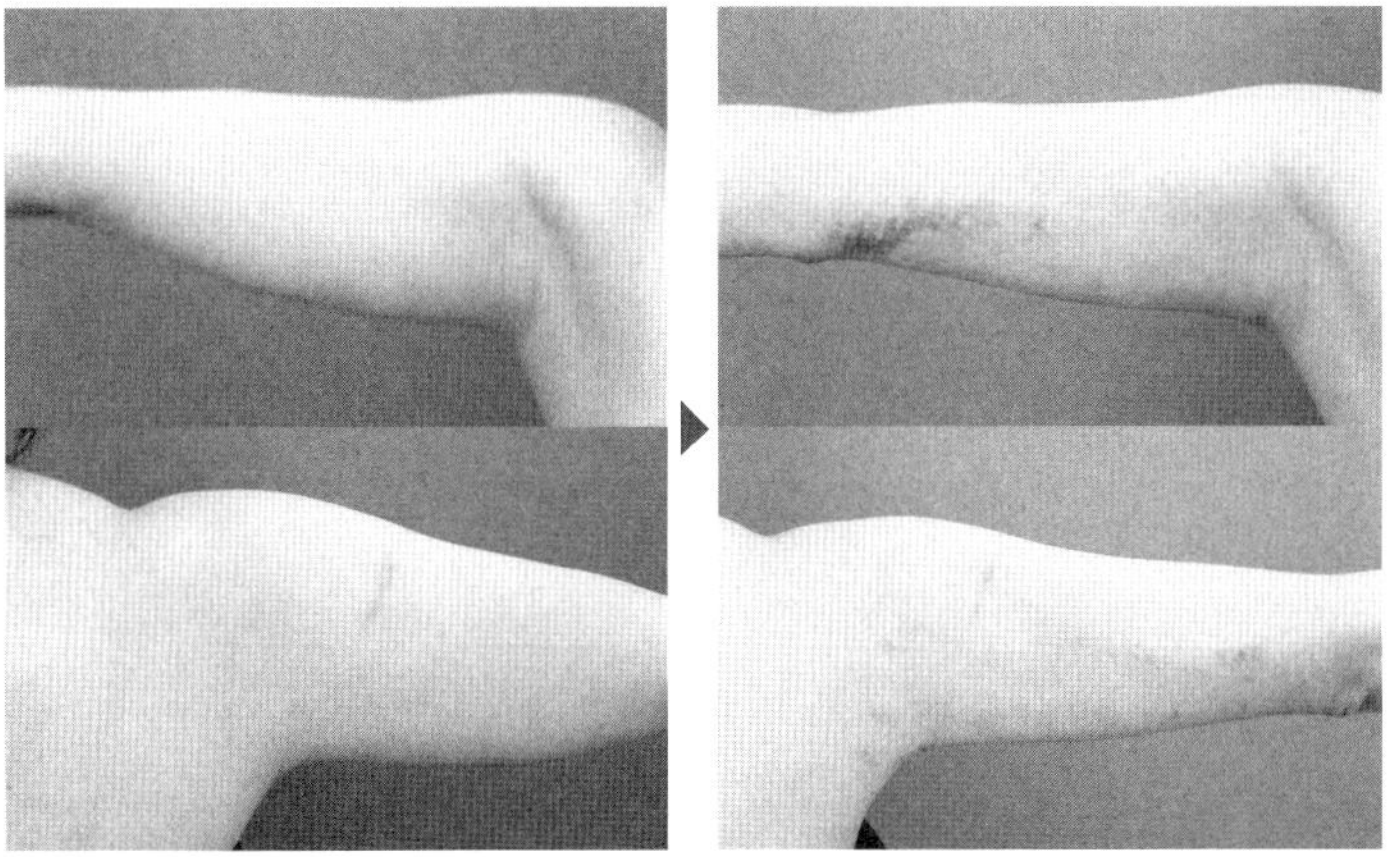

治療概要（～p54まで）
ベイザー脂肪吸引：ベイザー波という超音波により脂肪組織を遊離させ、その後刃のない「カニューレ」という専用の器具で脂肪細胞を吸引除去する。吸引後の線維組織には元に戻ろうとする作用が働き、皮膚はキレイに収縮し引き締まる。

【顔の脂肪吸引】

術前

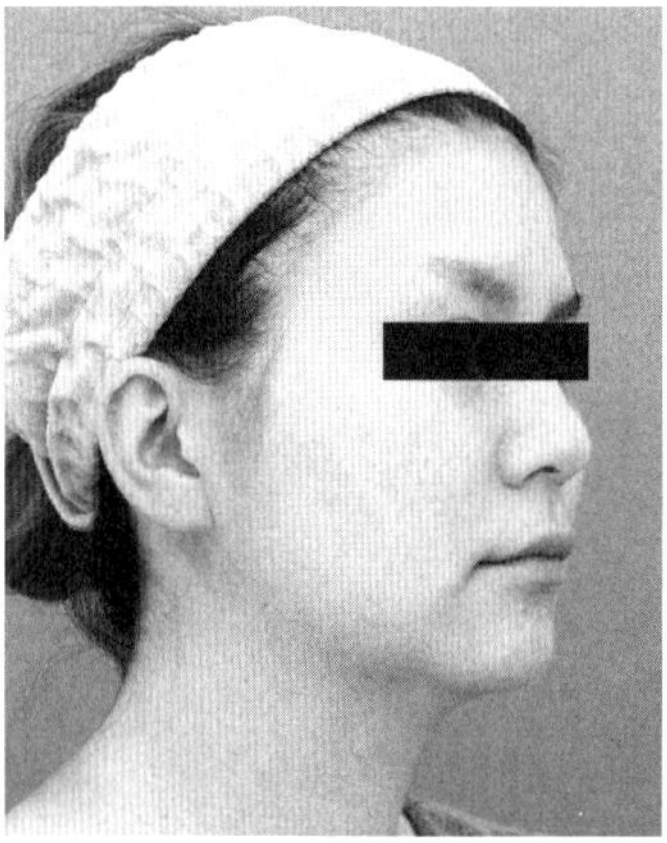

翌日

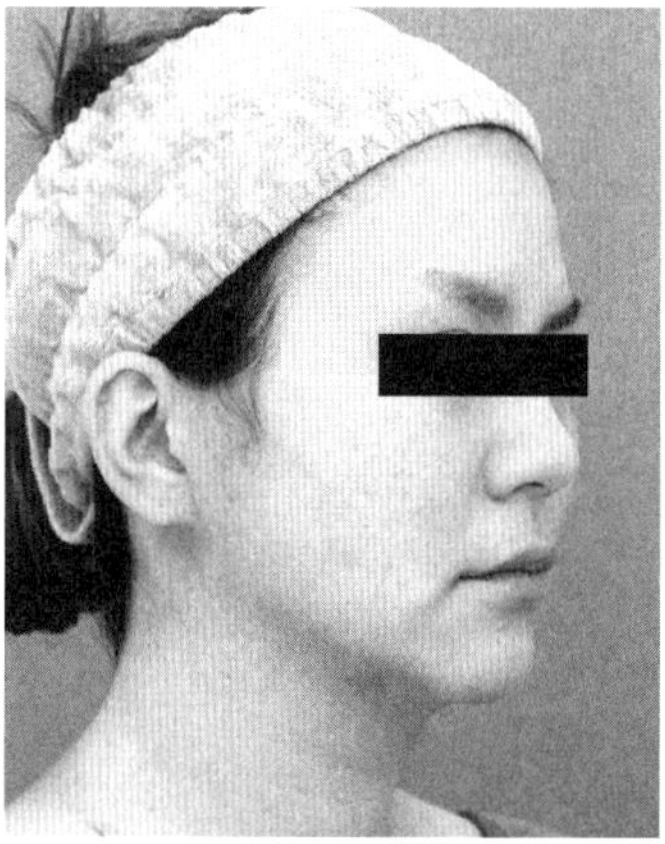

【太ももの脂肪吸引】

術前

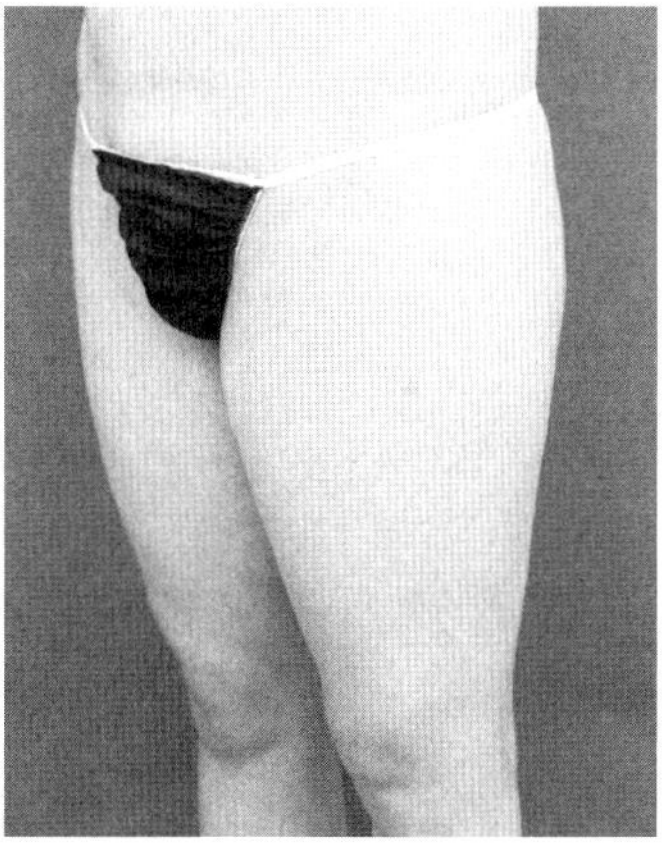

1週間後

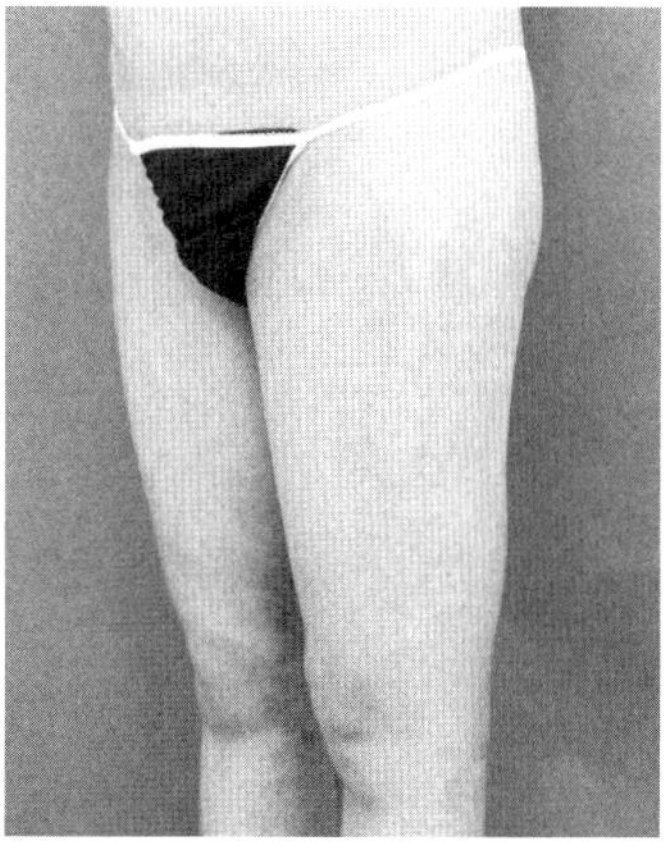

【お腹・腰の脂肪吸引】

術前

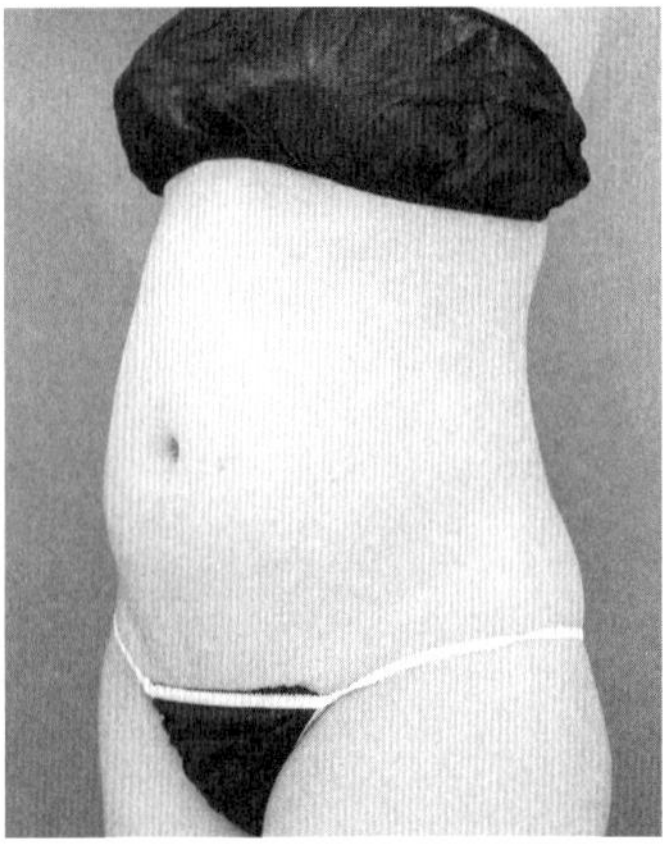

1週間後

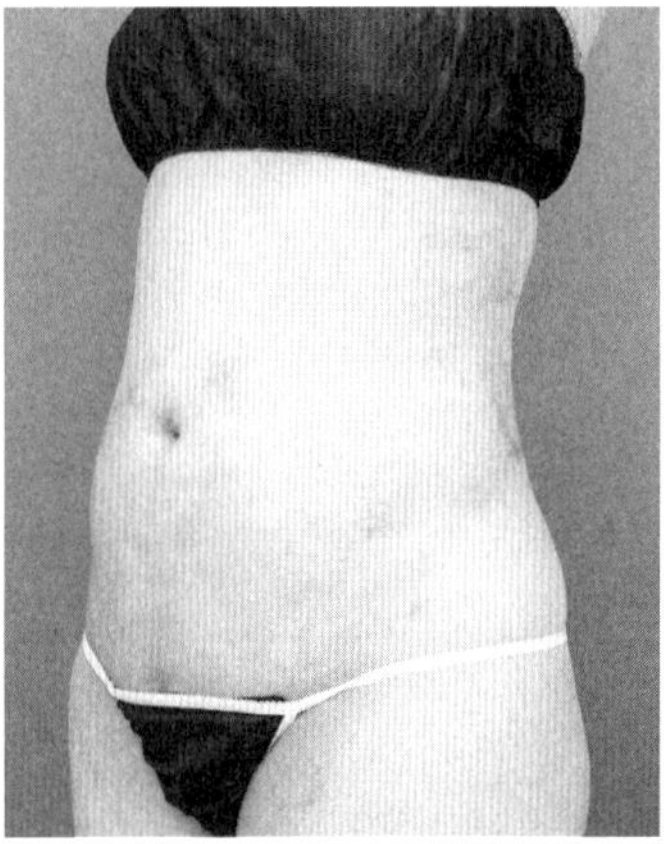

【ダウンタイムを楽にするための施術】

①チュメセント液（麻酔薬や止血剤）の配合の工夫

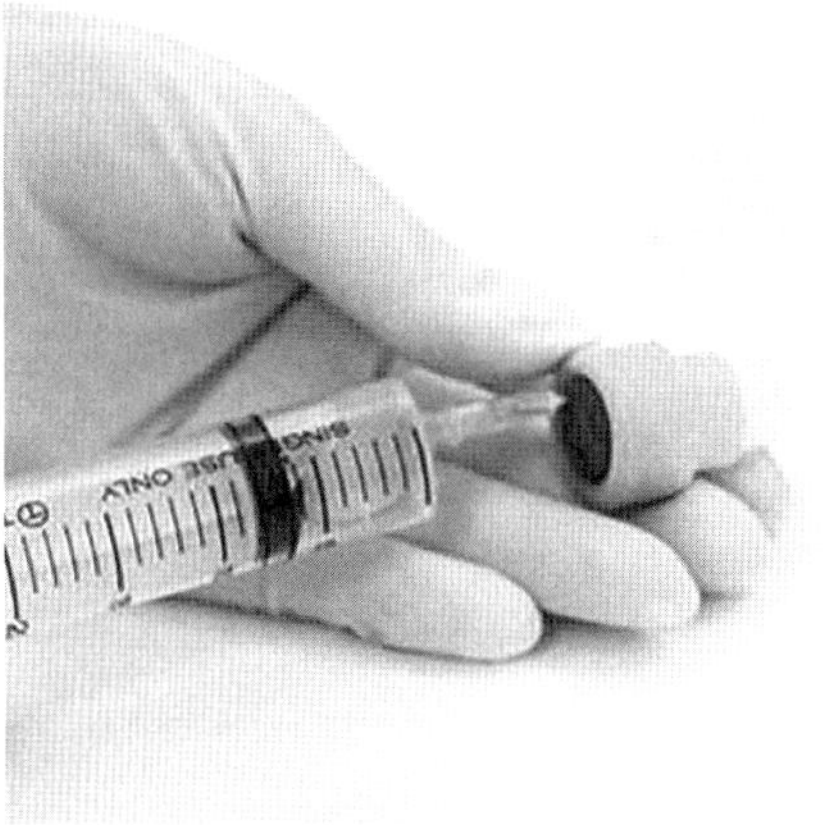

脂肪は、部位によって量やつき方が違うため、それぞれに合わせて工夫をしています

②脂肪層に合わせた正確なチュメセント液の散布

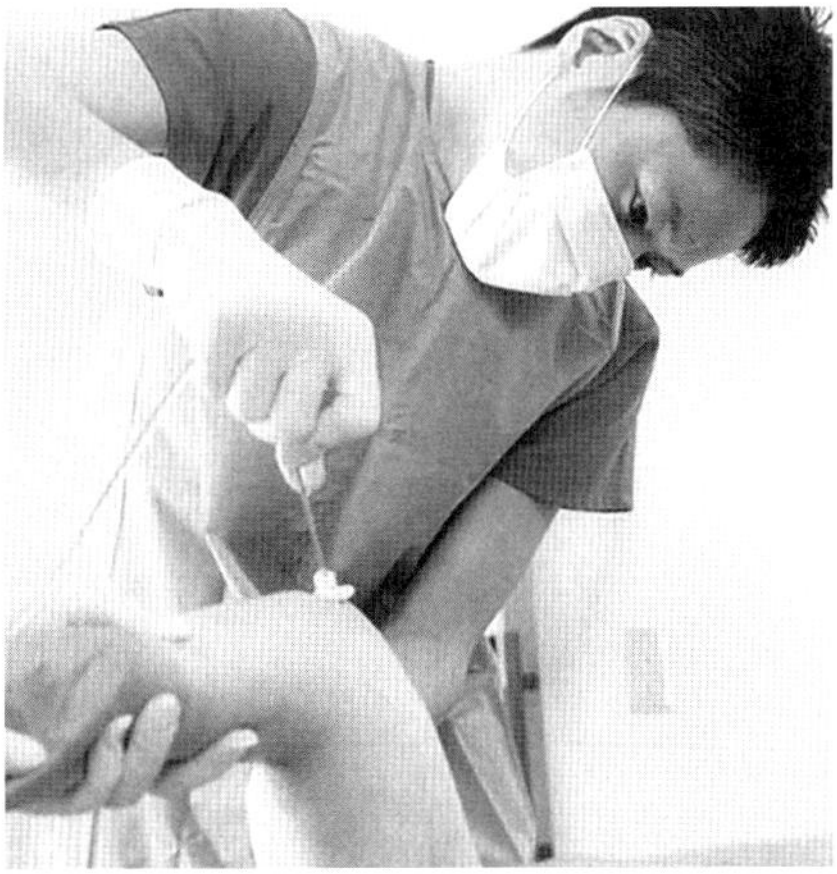

「チュメセント液」とは、麻酔薬や止血剤を混ぜたもののことです。脂肪をふやかすために注入されます。部位による脂肪層の違いに合わせて、正確に散布します

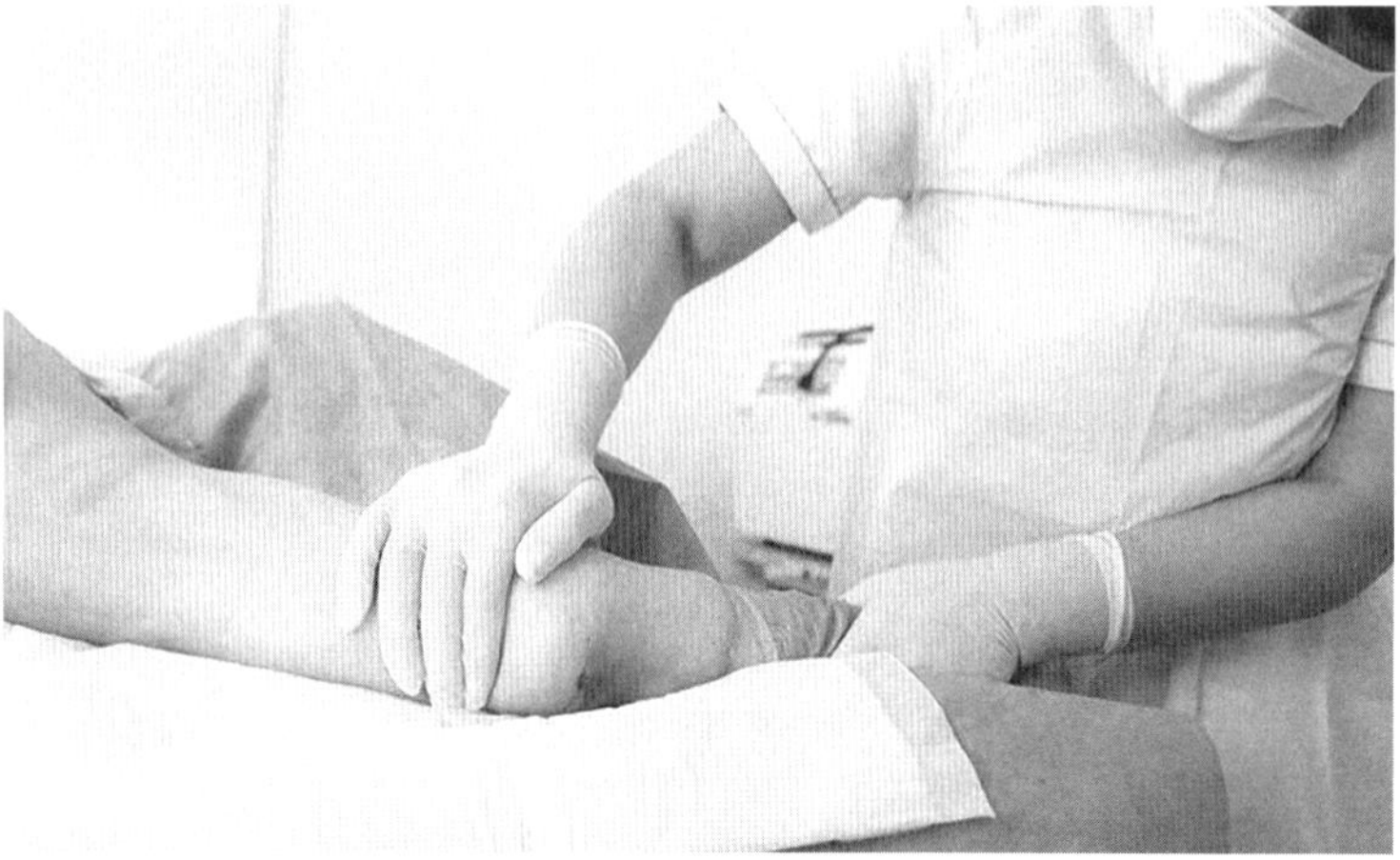

③麻酔液をできるだけ絞り出す（1回目）

手術直後に看護師たちの手により、むくみの原因となる麻酔液をできるだけ絞り出します

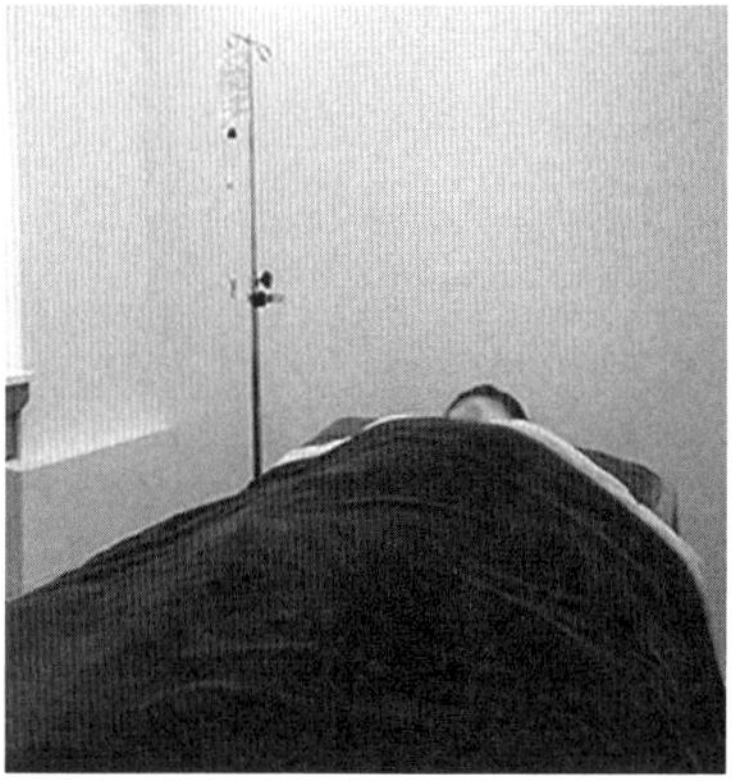

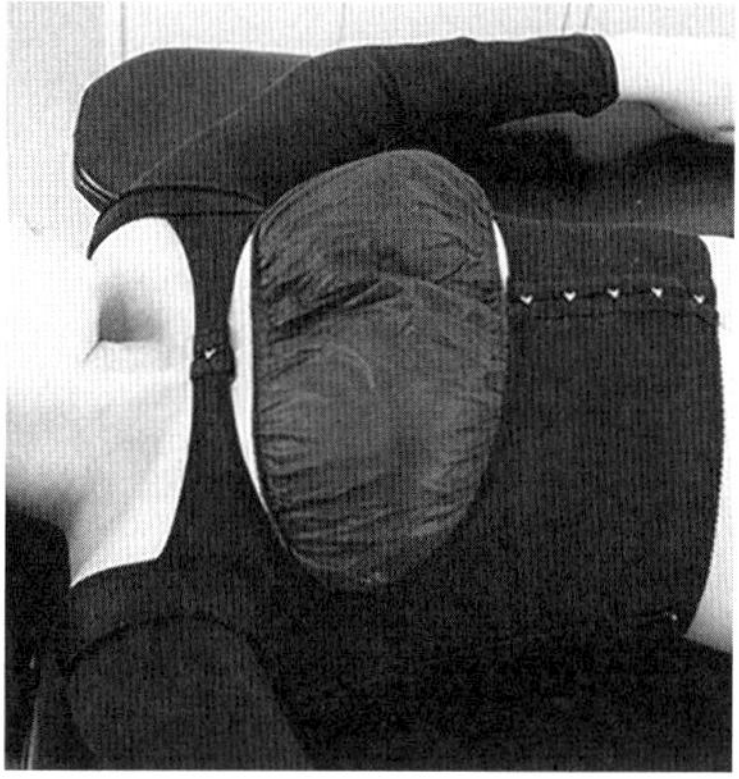

④看護師による適切な圧迫・固定

麻酔で眠っている間に患部を圧迫・固定します。圧迫が適切でスムーズでないと不必要なむくみや内出血が広がることがあるので、麻酔から完全に醒めるまでは、部屋でゆっくりと休んでいただきます

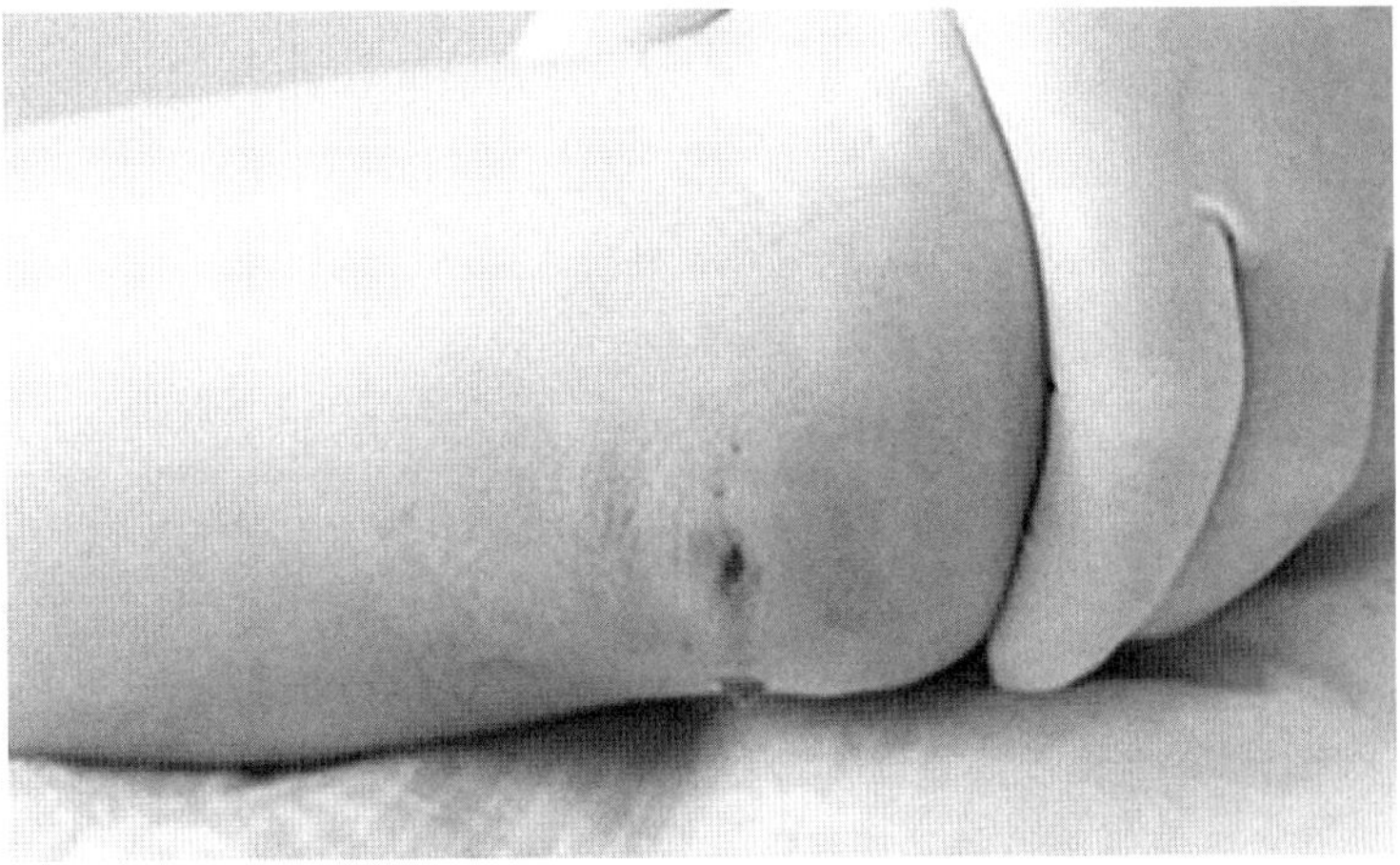

⑤麻酔液を極限まで絞り出す（2回目）

休息後、帰宅前に圧迫をはずして再度麻酔液を絞り出します。絞り出している間に痛みはほぼなく、「気持ちいい」と感じる方が多いです。実はこのひと手間が、術後の内出血やむくみを軽減するのに効果的です

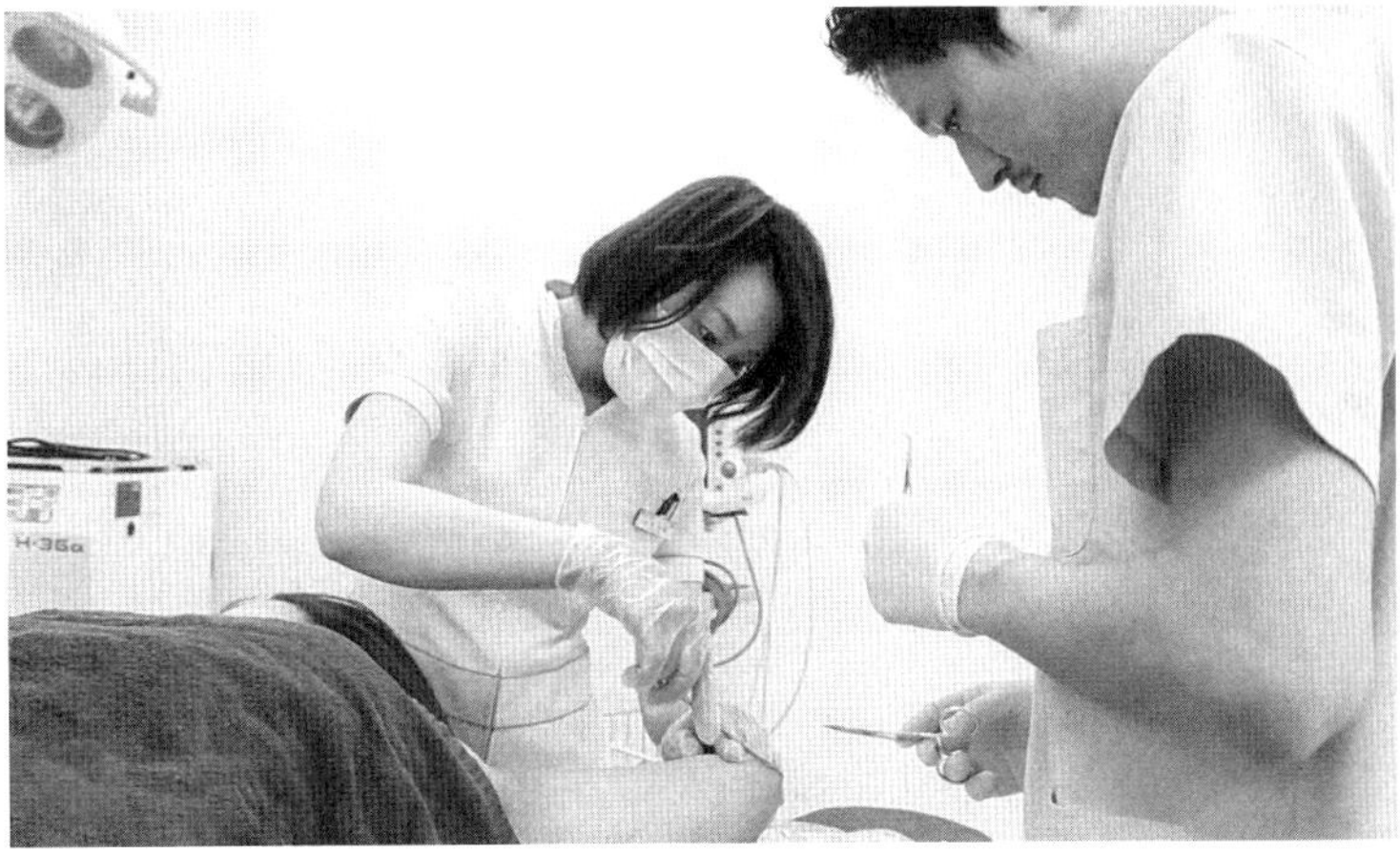

⑥縫合

翌日来院できる方には、当日は傷口を縫合せずに麻酔液を多く外に出し、翌日に再来院してもらい傷口を縫合します

希望者には翌日縫合を行い、さらに麻酔液を絞り出します。

ここまでしても、内出血やある程度の痛みは出ます。しかし、麻酔液の絞り出しをするとしないとでは確実に術後のダウンタイムが違います。ですから、患者さん一人ひとりに対して丁寧にケアを行うことが大切なのです。

傷跡を目立たなくするポイント

傷の数が多く、医師の都合のよい部位につくれるのであれば、医師側からすれば手術はより簡単になります。

しかし、それでは傷跡が目立ってしまうため、**なるべく傷は少なく、目立たない部位につくることがポイント**です。

もちろん、それでもキレイな仕上がりにするのが、医師の腕の試されるところになります。

また、一つひとつの傷の大きさの違いも大切です。

脂肪吸引をする際は、カニューレという細い棒のような道具を用いて脂肪を吸出します。

このカニューレの太さによって傷の大きさも変わってきます。

一般的には、傷の大きさは「5㎜前後」になることが多いでしょう。

それを、極細のカニューレを使用すれば、傷は「3㎜前後」の大きさにできます。

「2㎜」の違いに何か意味があるのか、と考える人もいると思います。

しかし、実際にその傷の大きさの違いを見ると、大きく印象が異なります。

その「２㎜」の違いにこだわるのが、美容外科医なのです。

こうしたことも踏まえて、改めてベイザー脂肪吸引の傷跡を目立たなくする方法をみていきましょう。

まずは、先にも挙げた手術で使う道具、「カニューレ」を工夫することです。

脂肪吸引ではカニューレを患部に挿入して、吸引個所に傷をつくります。

もちろん、傷は時間とともに消えていきますが、目立たないに越したことはありません。

そのため、いろんな形状のカニューレを使い分けることで目立たなくできるのです。

なかでも私は、一般的なものより細い、直径３㎜の特注品のカニューレを用いて、傷口を小さくすることはもちろん、術後の痛みを減らすことに取り組んでいます。

次に、「スキンポート」（皮膚を保護する器具）という道具を使用することです。

カニューレを挿し込むすべての挿入口に使用することで、皮膚を守り傷の拡大を防ぎます。

〈カニューレ〉

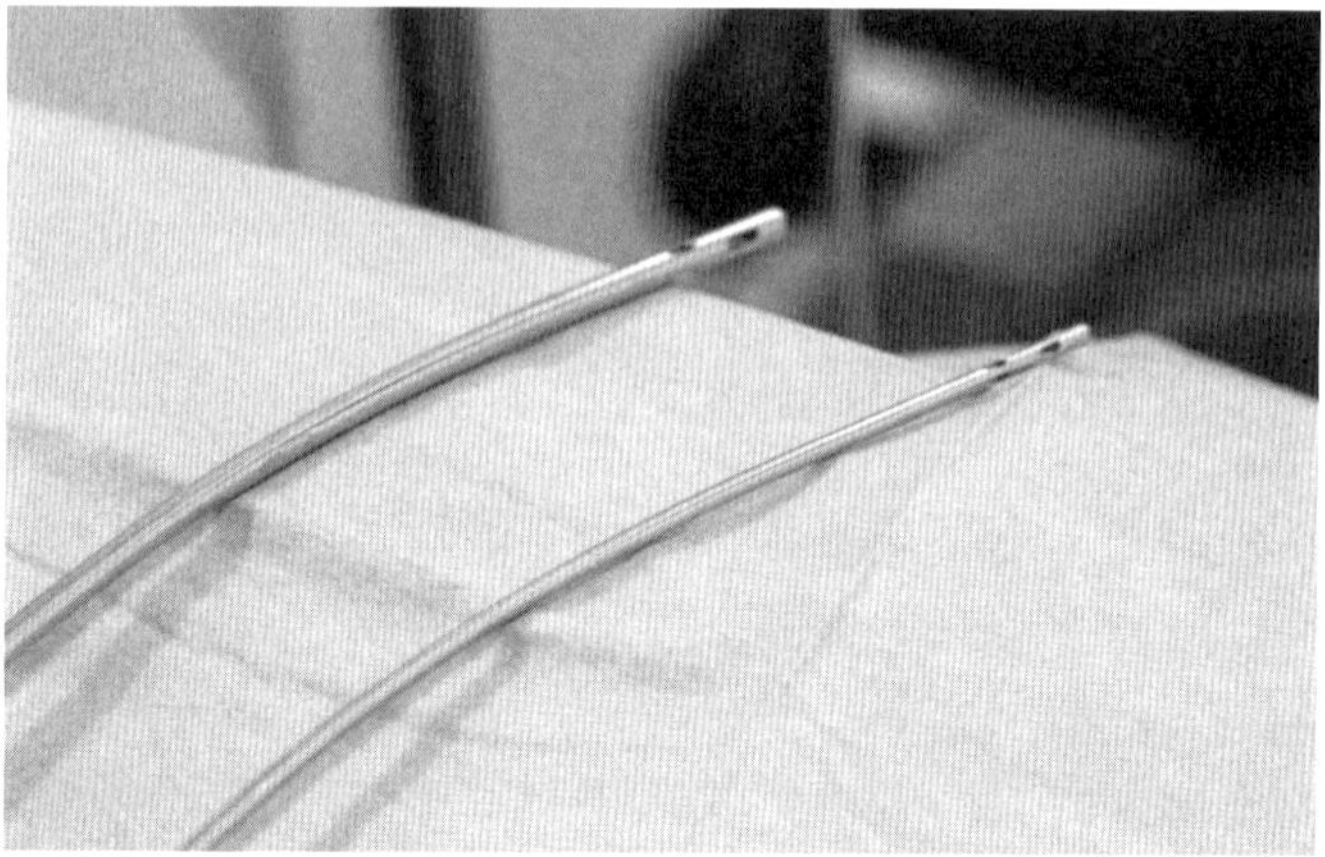

左は一般的に使用する4.7㎜のカニューレ、右は私が使用している3.0㎜のカニューレ

〈スキンポート〉

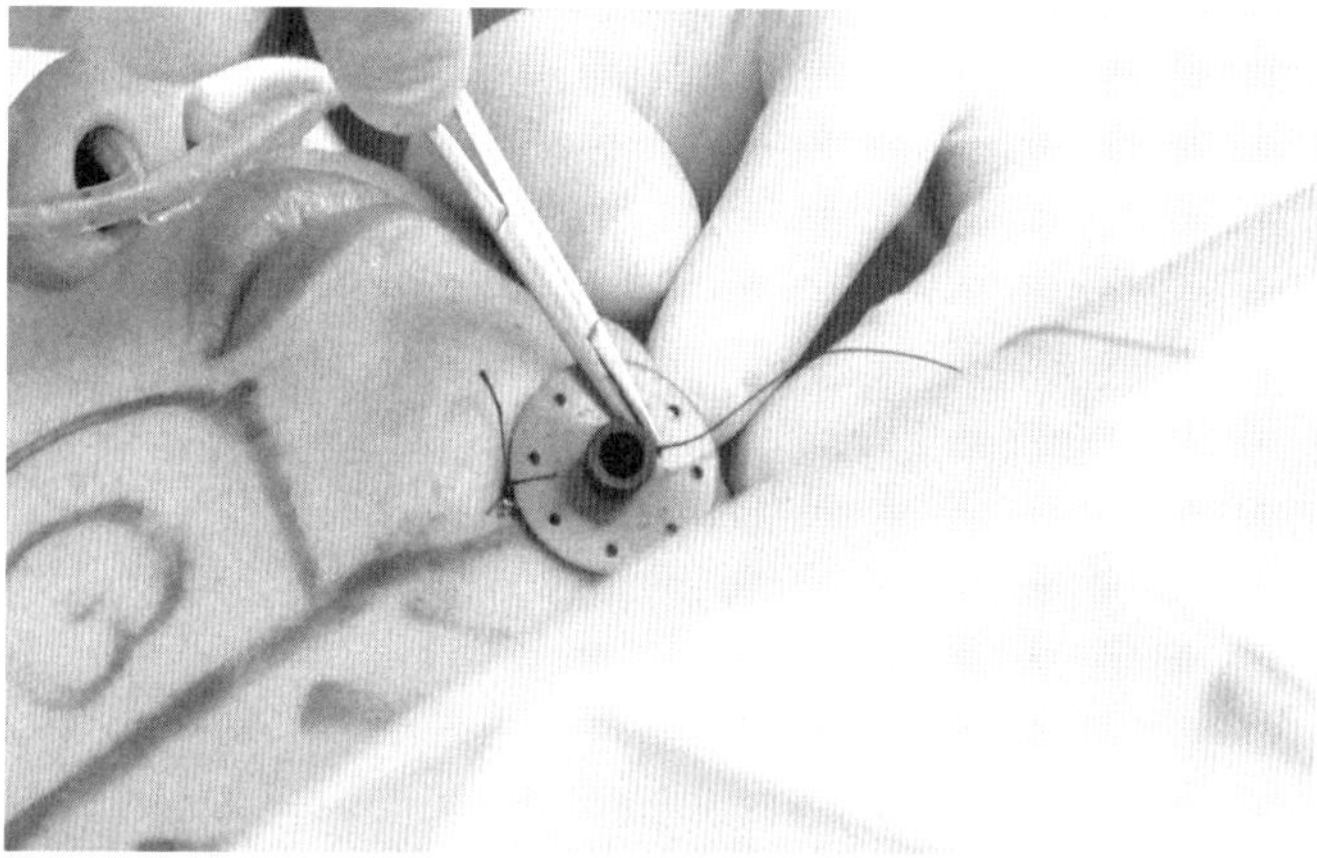

そして、「傷をつくる位置」を工夫することです。

個人差はありますが、脂肪吸引の傷跡は3～6カ月ほどで、ほとんど見えなくなります。ただ、そもそも目立つ場所につくると、悪目立ちすることもあります。

ですから、「他人からは見えない位置を選ぶ」というのが鉄則なのです。

太ももの場合を例にとると、前は「太ももの付け根」、後ろは「ヒップと太ももの間のシワの中」がベストです。

傷はすべて数㎜で「スキンポート」をつけるので、こすれず、治りやすくなります。

個人差はありますが、他人に気づかれることはほぼありません。

傷跡は、平均的には2週間～3カ月で目立たなくなります。

【カニューレの理想の挿入位置・全身図】

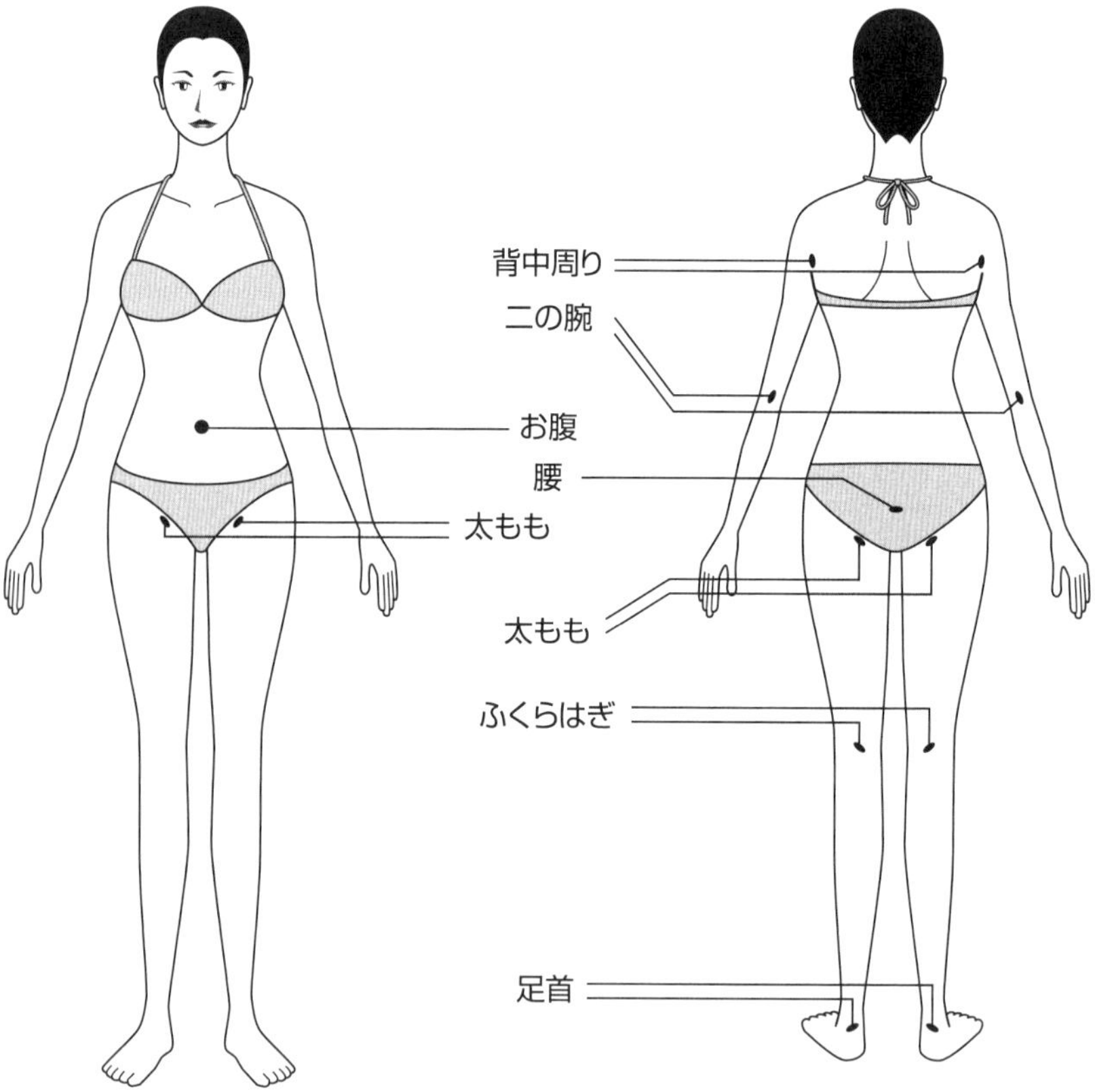

過去の脂肪吸引手術も修正できる

脂肪吸引の術後に患者さんが抱える悩みには、「脂肪吸引をしたけれど、効果が感じられない」といったものと、「脂肪吸引をして凹凸ができてしまった」といったものが挙げられます。

まず、「効果が感じられない」という声については、担当の医師に相談して、説明をしてもらうことがベストです。術後一カ月くらい経てば、通常は細くなったことが実感できますが、自分で選んで手術を受けたら、まずはその医師を信じましょう。

「脂肪吸引をして凹凸ができてしまった」のほか、「デザインが不自然、もしくはバランスが悪い」「たるんでしまった」などの声については、修正の手術を受けることもできます。

実際、私はこのような「他院での手術後の症状を修正する手術」も多く手掛けてきました。部位でいうと、最も多いのはお腹の脂肪吸引の修正です。

このような「他院での手術後の症状を修正する手術」においては、ゼロから手掛けるケースと同様、もしくはそれ以上に、患者さんとのカウンセリングが重要になってきます。

【修正する脂肪吸引の例】

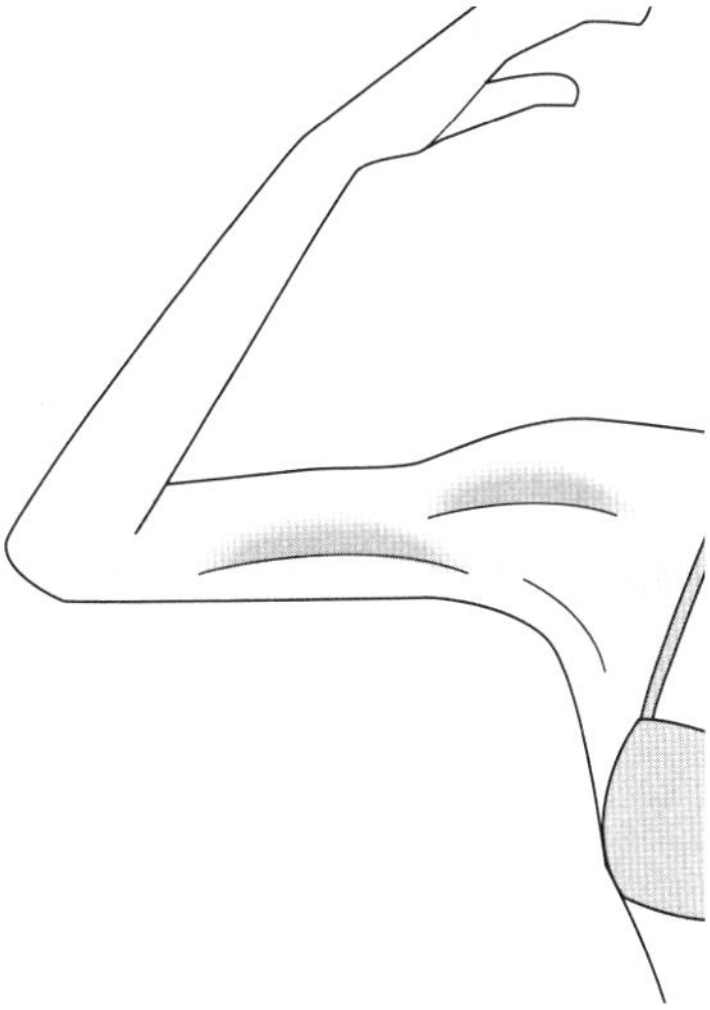

不自然な仕上がり

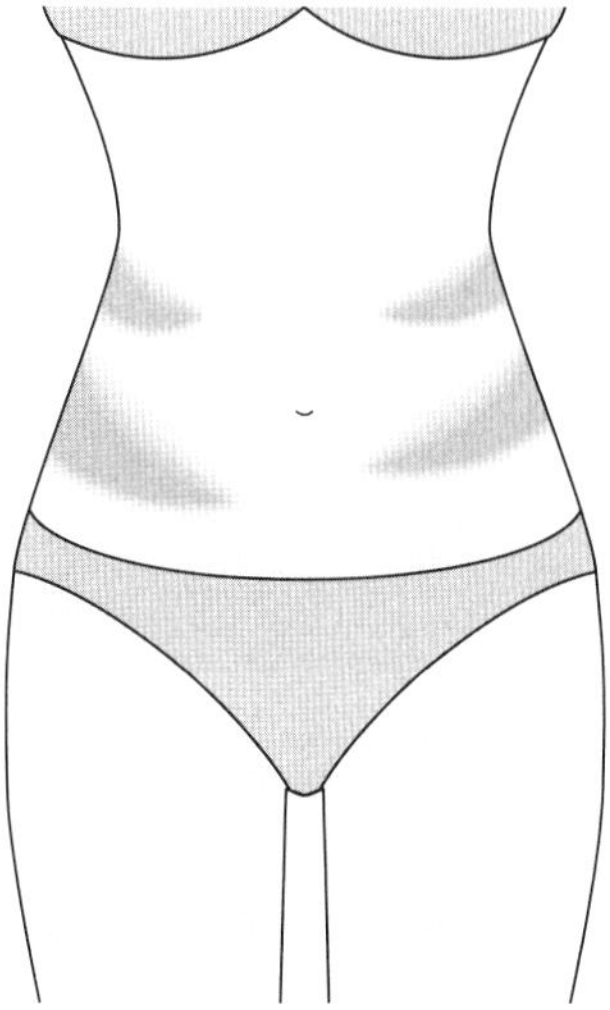

左右のバランスが悪い

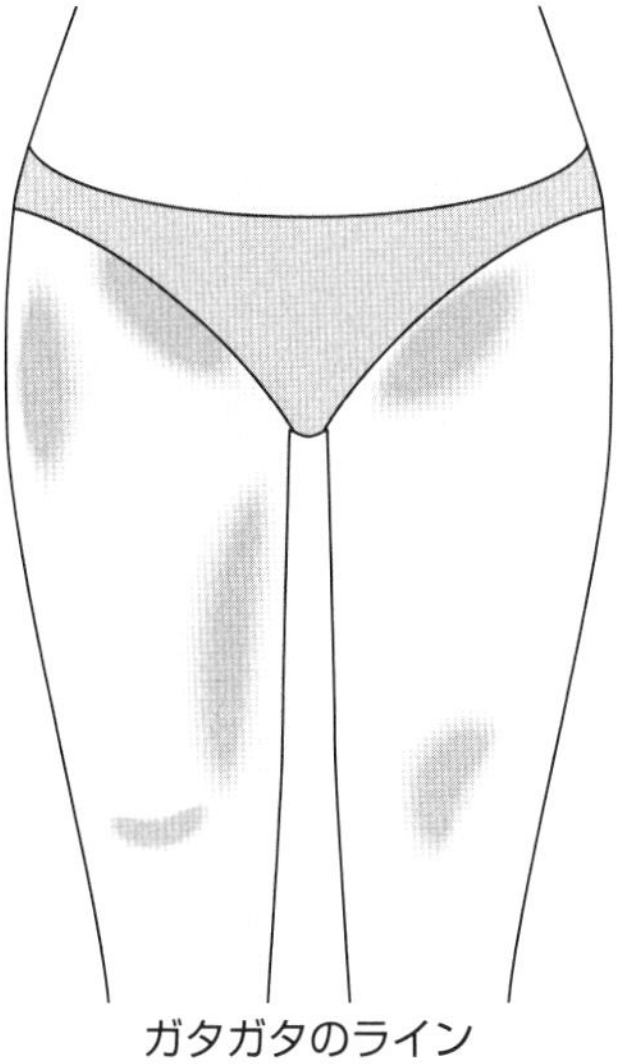

ガタガタのライン

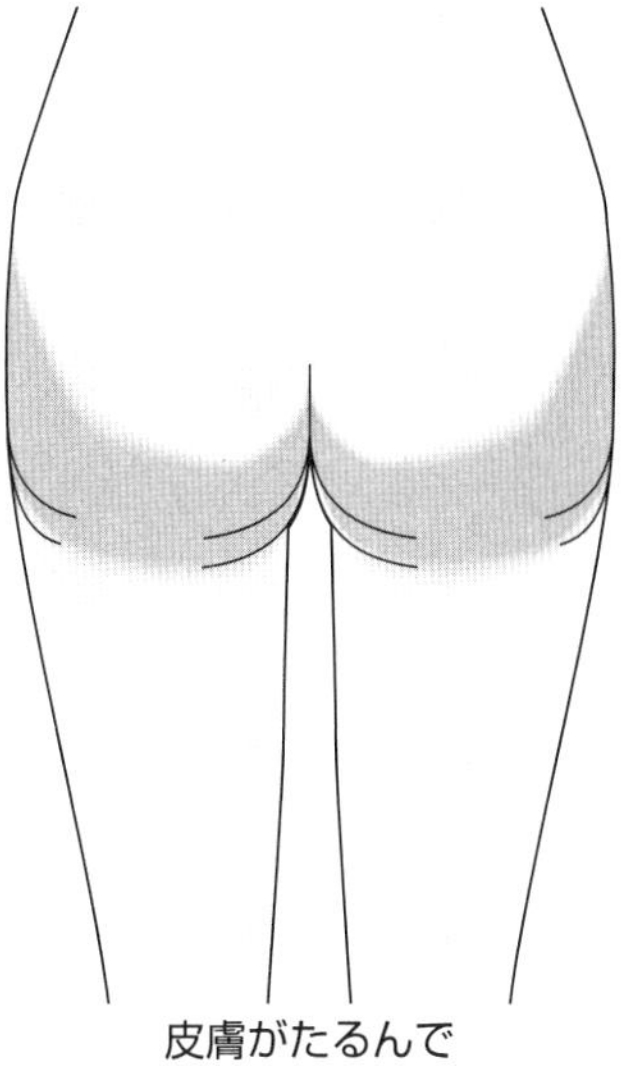

皮膚がたるんで
貧相な印象に

これらの修正の際、「脂肪の取り残し」「取りムラ」を再度吸引して整えるにしても、「線維化してしまった組織」が硬くなっていると、カニューレの操作は難しくなります。

また、脂肪の取り過ぎで皮膚が癒着しているケースなどの場合、従来の機器では修正できません。

そこで、最新機器で脂肪を柔らかくしたり、脂肪注入で皮膚の質感を整えたり、ハリ不足などにはリフトアップ施術を組み合わせるなど、患者さん一人ひとりの悩みに合わせて最適な修正方法を提案する必要があります。

キレイに修正できる場合がほとんどですが、なかにはどうしても修正しきれない状態の方もいます。こうしたトラブルも考慮すると、最初のクリニック選びが非常に大切であるといえます。

脂肪吸引を再び行うことも可能

「昔他院で脂肪吸引をしたのですが、まだ脂肪が気になります。もう一度同じ箇所を吸引できますか？」といった、再手術の相談もかなり多いです。

診察したうえで十分効果が出そうだと判断した場合、再度脂肪吸引を行うことは、もちろん可能です。

一度脂肪吸引をした部位は組織が硬くなっているため、ベイザー脂肪吸引が効果的になります。

ただし、脂肪吸引の術後は組織が硬くなる時期があり、その時期に再手術をしてもあまり脂肪が吸引できません。

再手術は、触診をして硬さがとれてから行うことになります。個人差はありますが、前の手術から3～6カ月ほど間を空けたほうが再手術の仕上がりがよくなります。

第3章

事例写真でみる部位別・脂肪吸引の実際

顔の脂肪吸引の例

【事例１】

術前

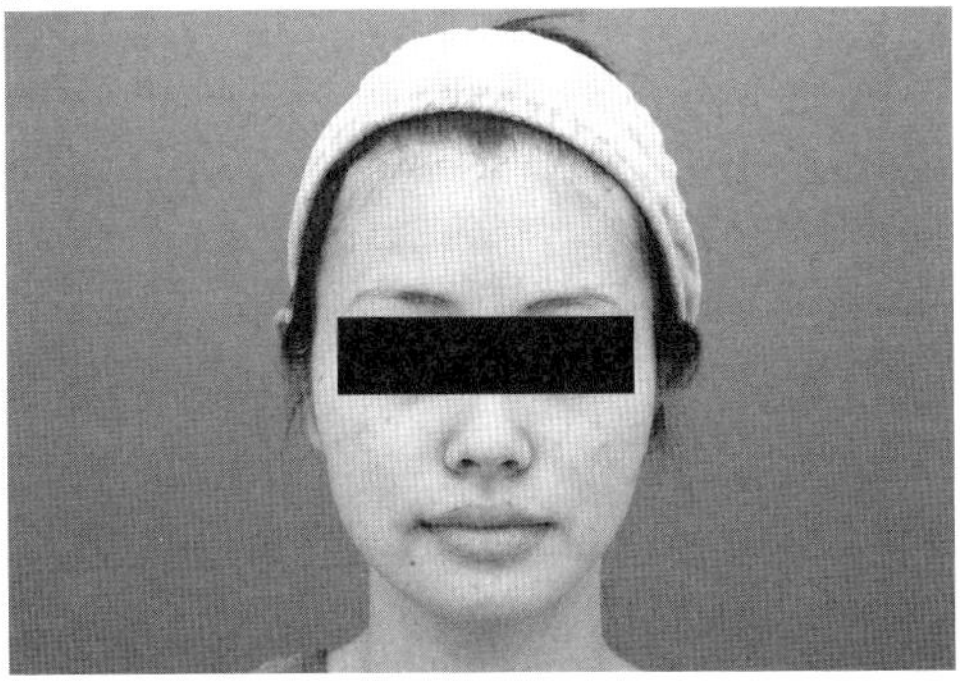

術後

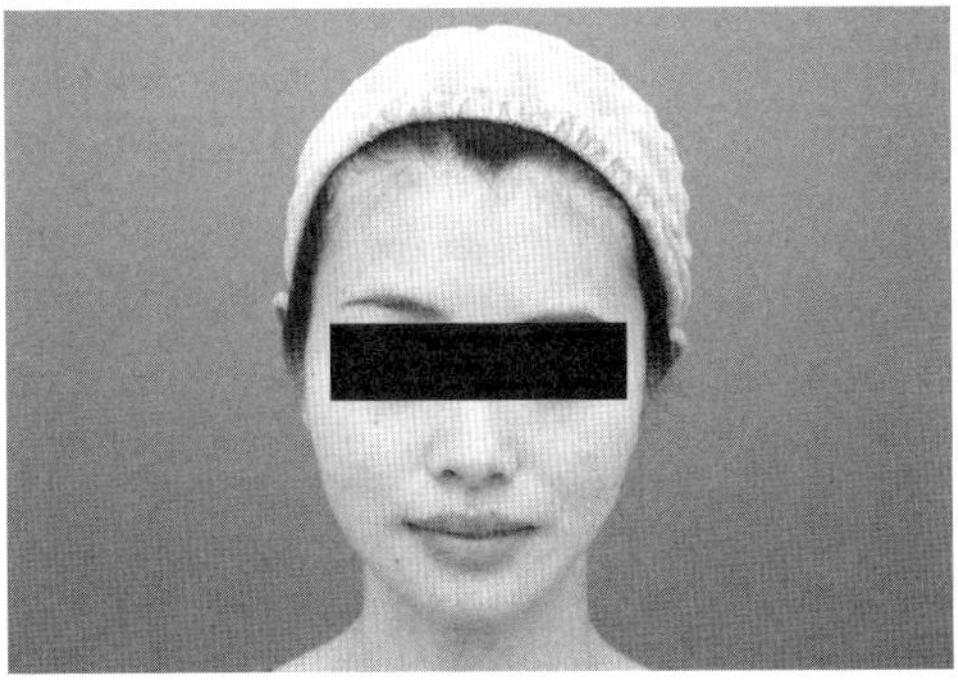

治療概要

ベイザー脂肪吸引：ベイザー波という超音波により脂肪組織を遊離させ、その後刃のない「カニューレ」という専用の器具で脂肪細胞を吸引除去する。吸引後の線維組織には元に戻ろうとする作用が働き、皮膚はキレイに収縮し引き締まる。

【事例２】

術前

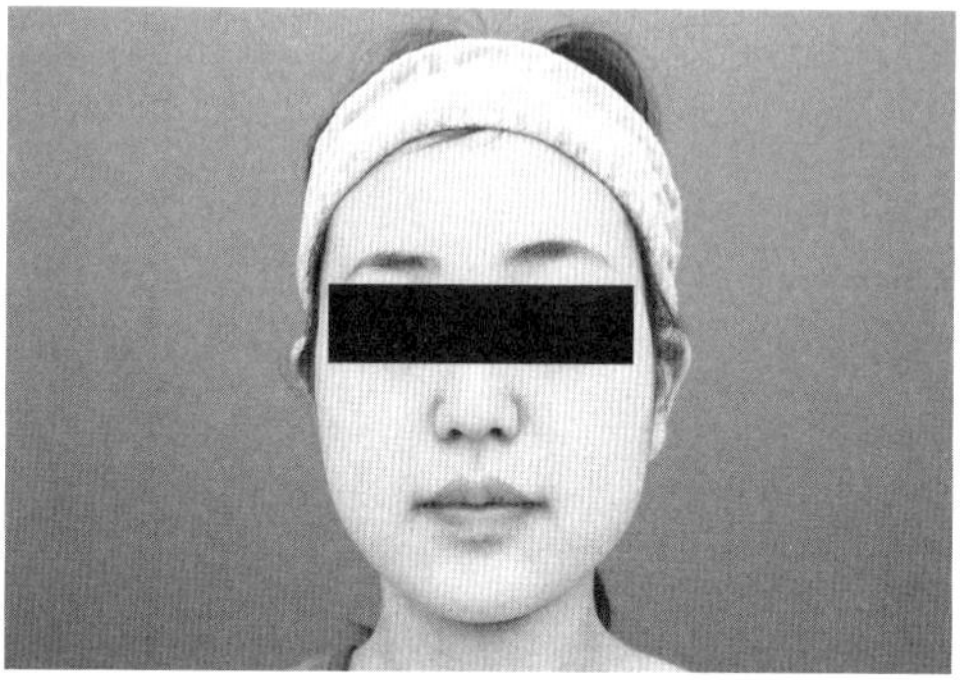

術後

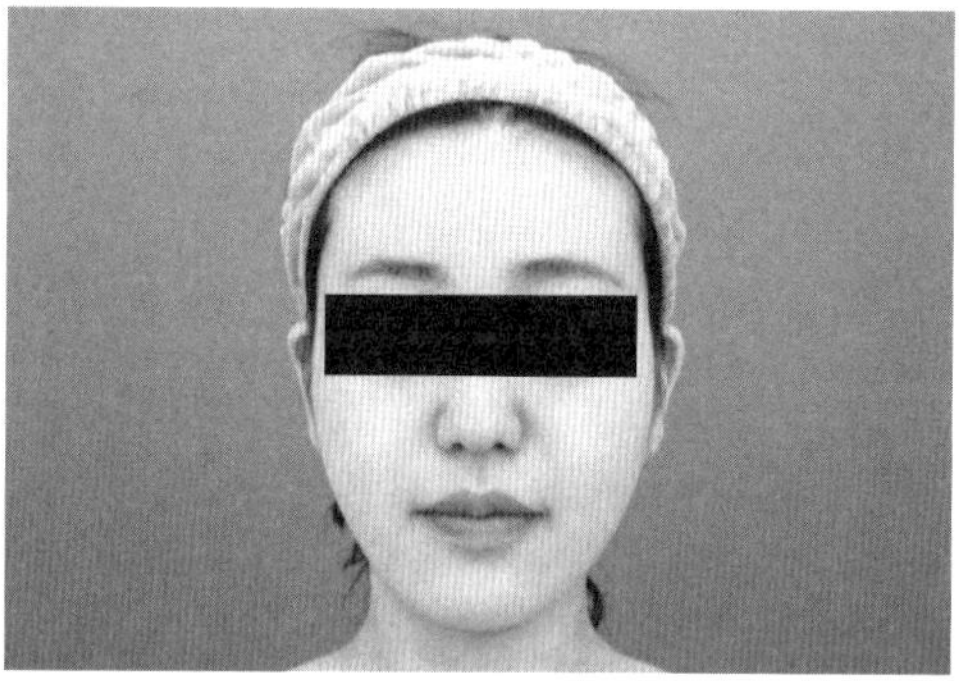

治療概要

ベイザー脂肪吸引：ベイザー波という超音波により脂肪組織を遊離させ、その後刃のない「カニューレ」という専用の器具で脂肪細胞を吸引除去する。吸引後の線維組織には元に戻ろうとする作用が働き、皮膚はキレイに収縮し引き締まる。

お腹の脂肪吸引の例

【事例３】

術前

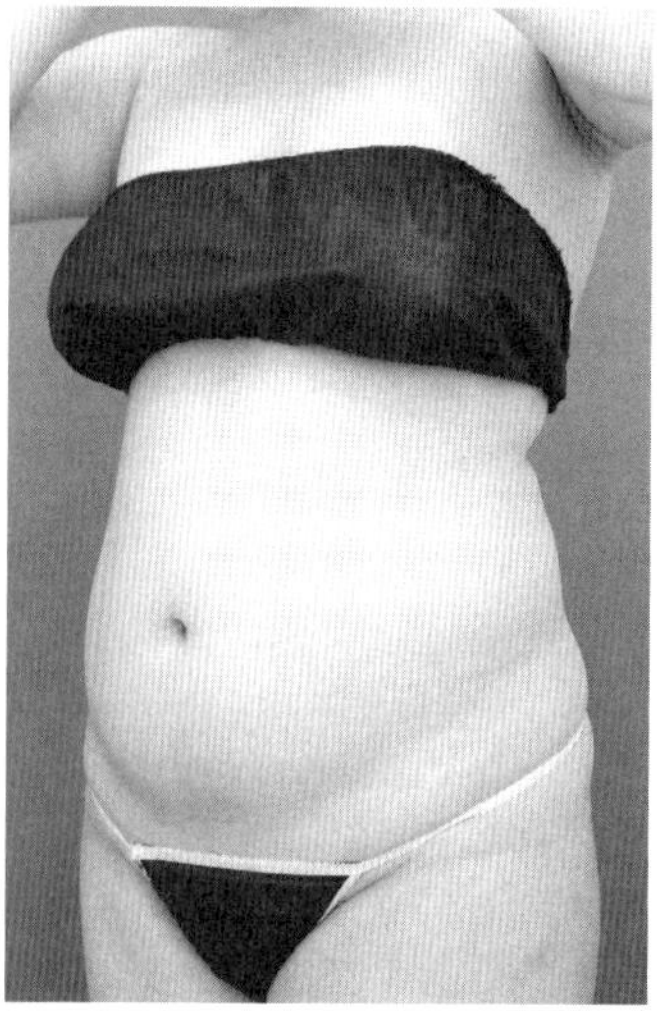

術後

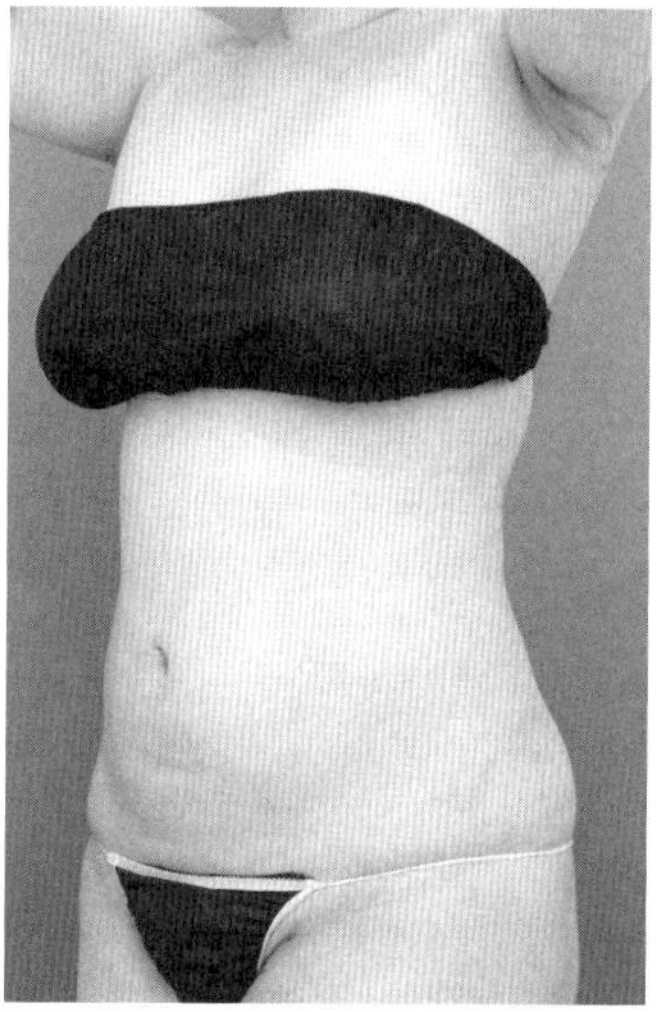

治療概要

ベイザー脂肪吸引：ベイザー波という超音波により脂肪組織を遊離させ、その後刃のない「カニューレ」という専用の器具で脂肪細胞を吸引除去する。吸引後の線維組織には元に戻ろうとする作用が働き、皮膚はキレイに収縮し引き締まる。

【事例4】

術前　術後

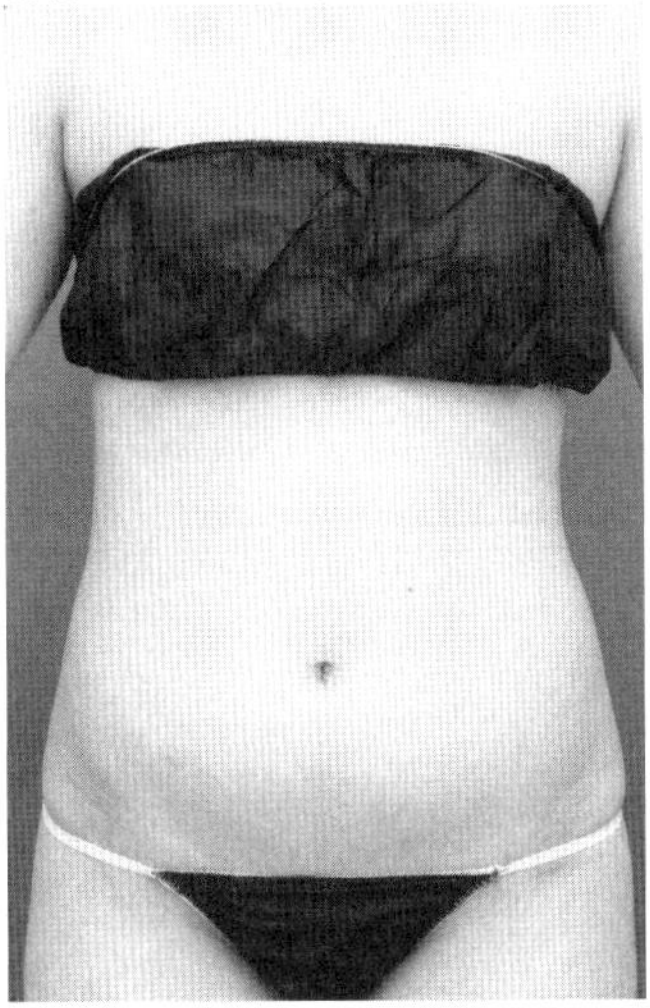

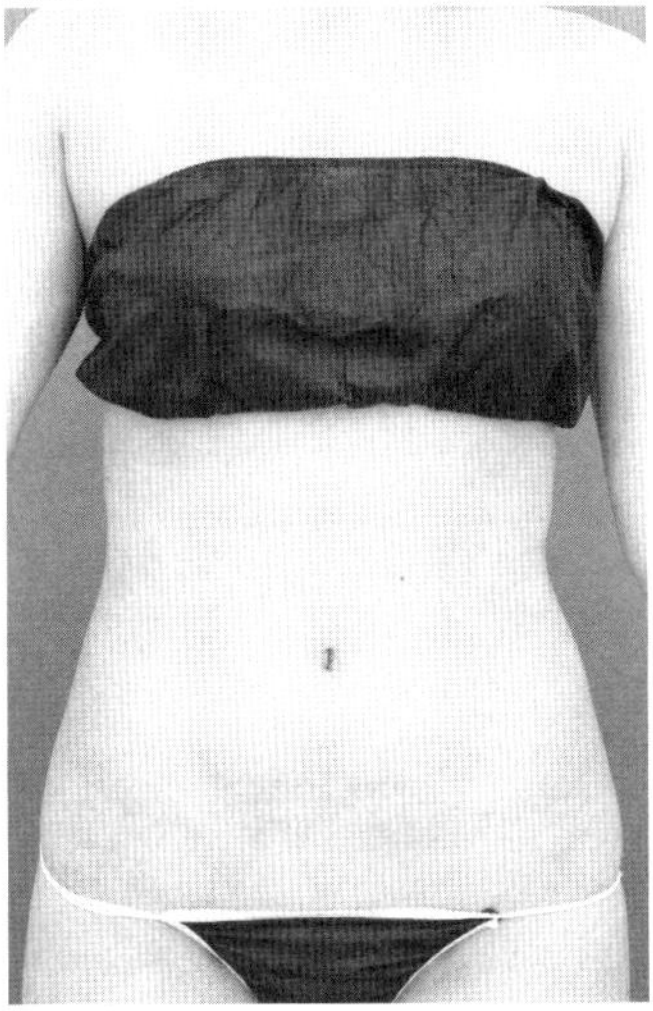

治療概要

ベイザー脂肪吸引：ベイザー波という超音波により脂肪組織を遊離させ、その後刃のない「カニューレ」という専用の器具で脂肪細胞を吸引除去する。吸引後の線維組織には元に戻ろうとする作用が働き、皮膚はキレイに収縮し引き締まる。

二の腕の脂肪吸引の例

【事例5】

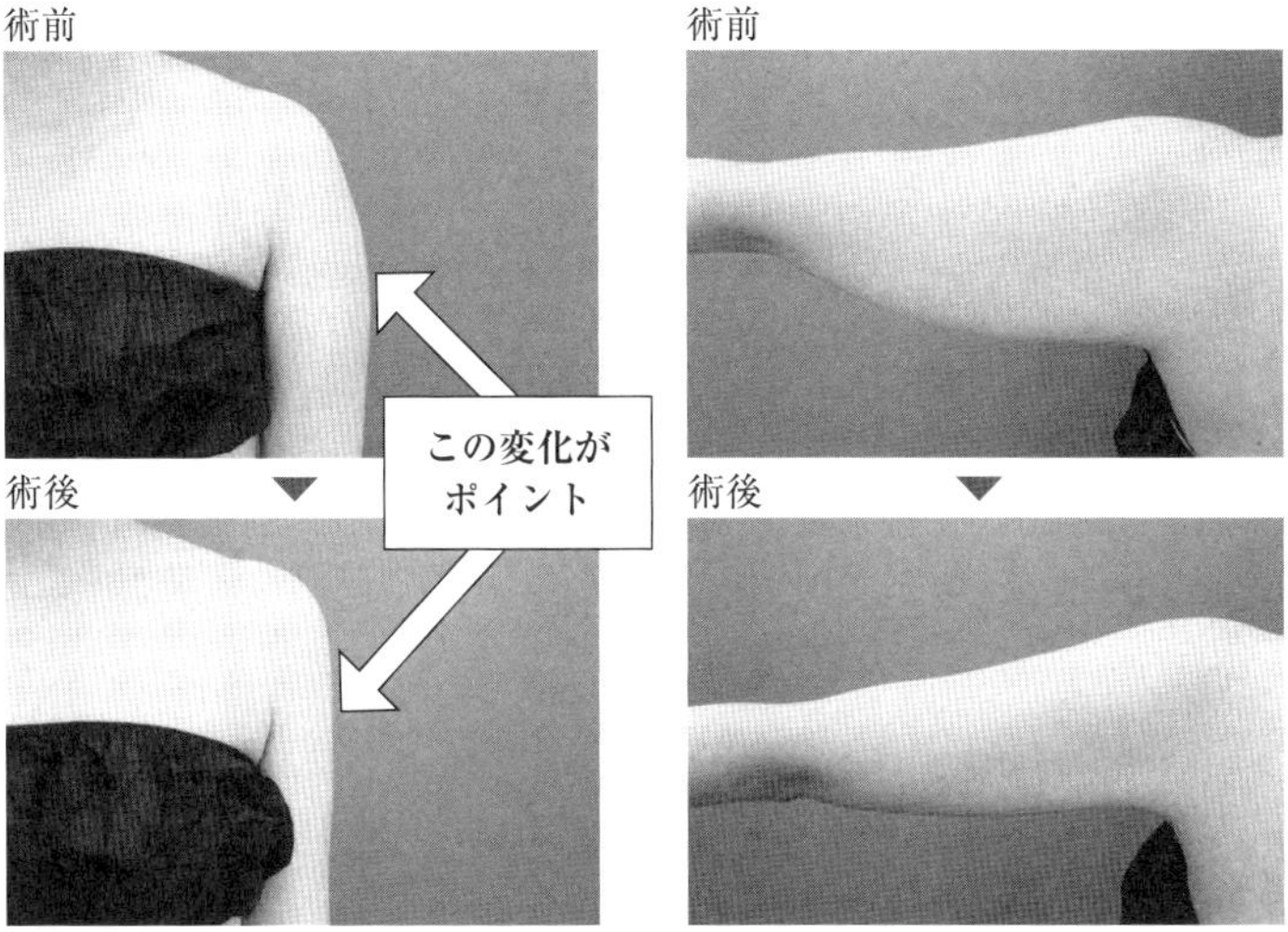

治療概要

ベイザー脂肪吸引：ベイザー波という超音波により脂肪組織を遊離させ、その後刃のない「カニューレ」という専用の器具で脂肪細胞を吸引除去する。吸引後の線維組織には元に戻ろうとする作用が働き、皮膚はキレイに収縮し引き締まる。

背中の脂肪吸引の例

【事例6】

術前

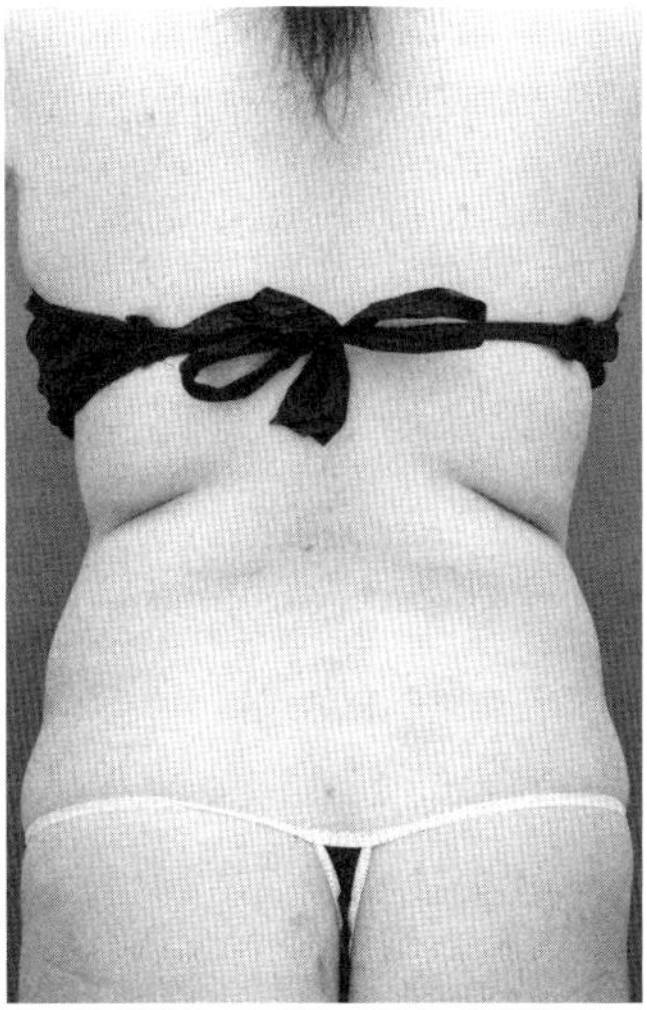

術後

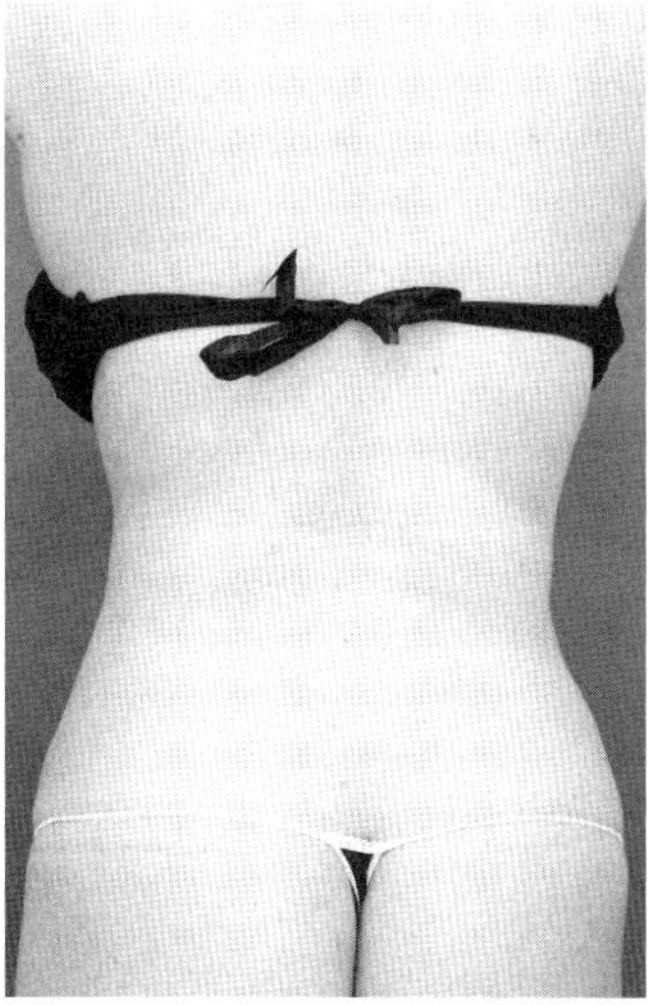

治療概要

ベイザー脂肪吸引：ベイザー波という超音波により脂肪組織を遊離させ、その後刃のない「カニューレ」という専用の器具で脂肪細胞を吸引除去する。吸引後の線維組織には元に戻ろうとする作用が働き、皮膚はキレイに収縮し引き締まる。

【事例７】

術前

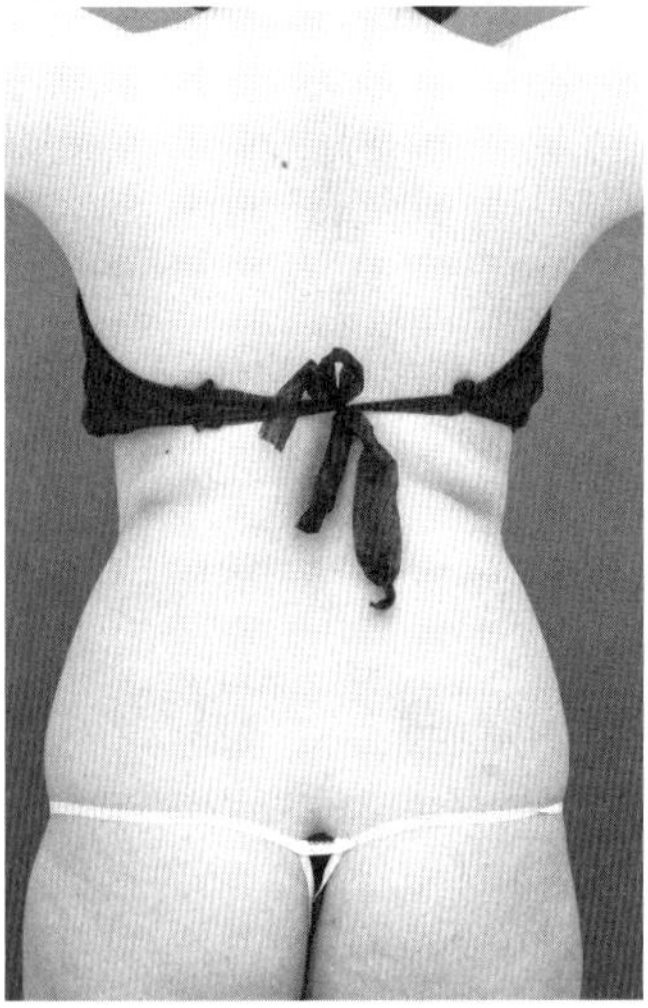

術後

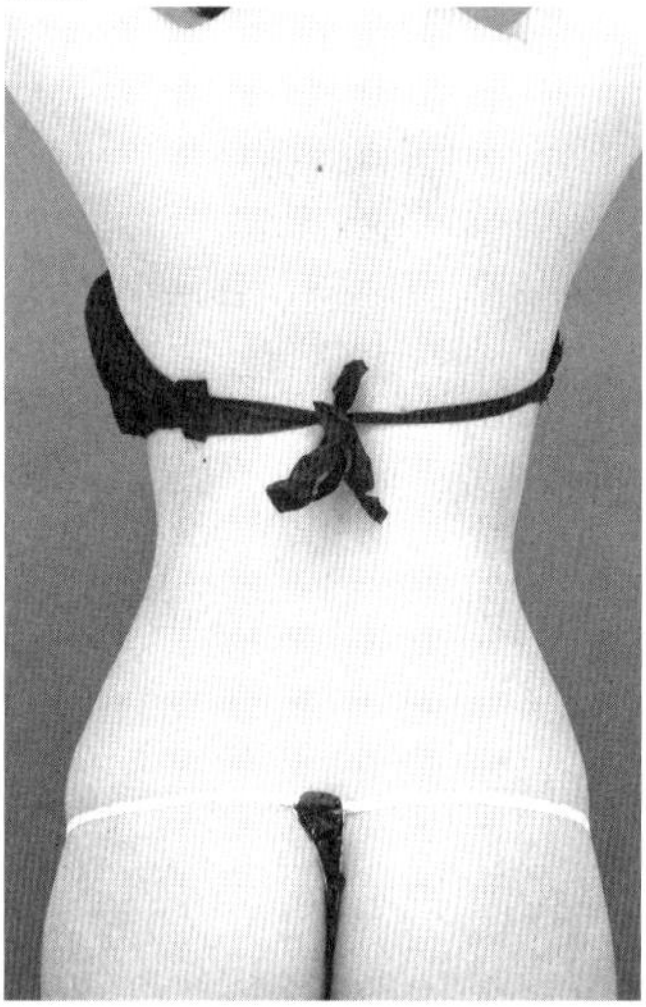

治療概要

ベイザー脂肪吸引：ベイザー波という超音波により脂肪組織を遊離させ、その後刃のない「カニューレ」という専用の器具で脂肪細胞を吸引除去する。吸引後の線維組織には元に戻ろうとする作用が働き、皮膚はキレイに収縮し引き締まる。

太ももの脂肪吸引の例

【事例8】

術前

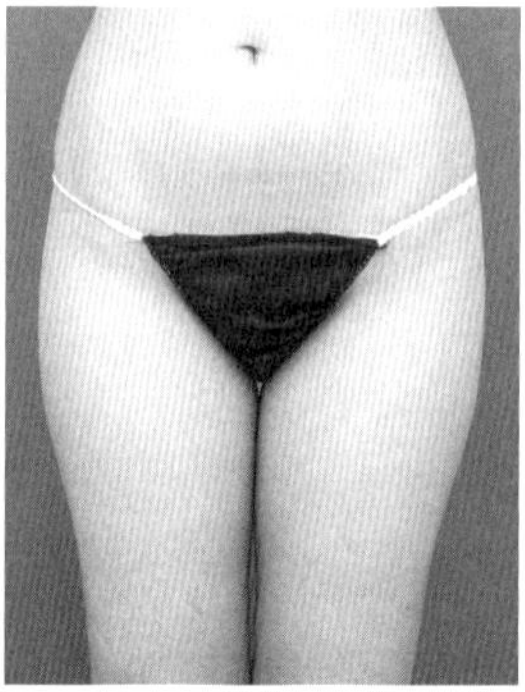

術後

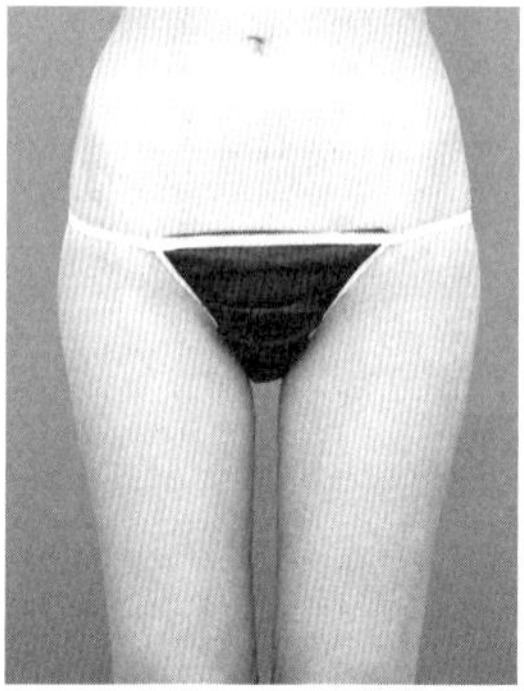

術前

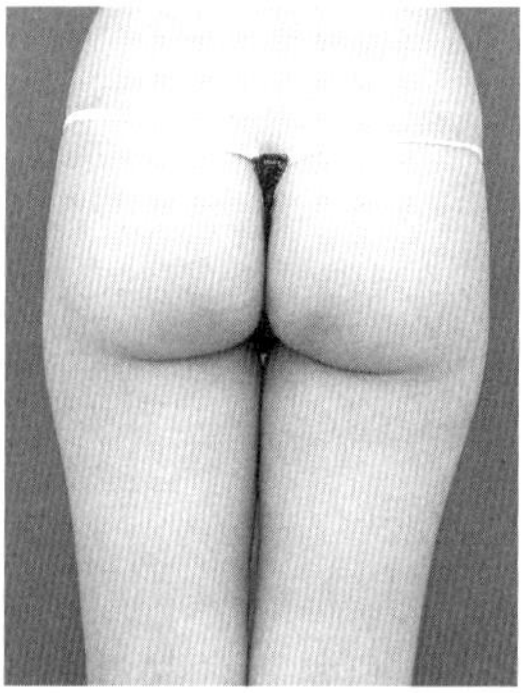

術後

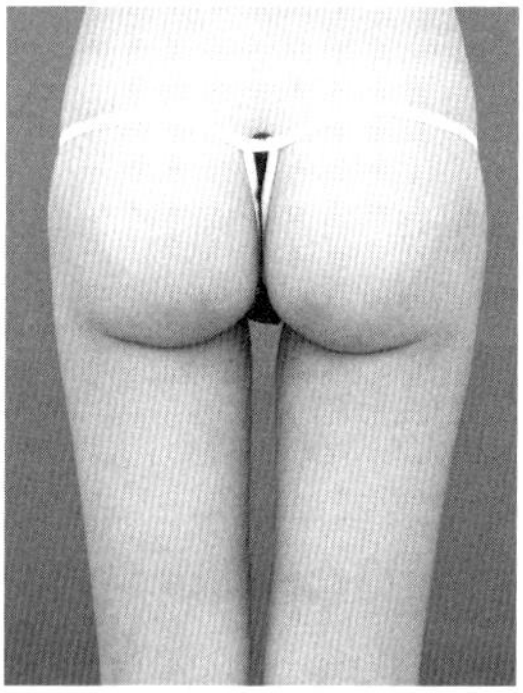

治療概要

ベイザー脂肪吸引：ベイザー波という超音波により脂肪組織を遊離させ、その後刃のない「カニューレ」という専用の器具で脂肪細胞を吸引除去する。吸引後の線維組織には元に戻ろうとする作用が働き、皮膚はキレイに収縮し引き締まる。

【事例9】

術前

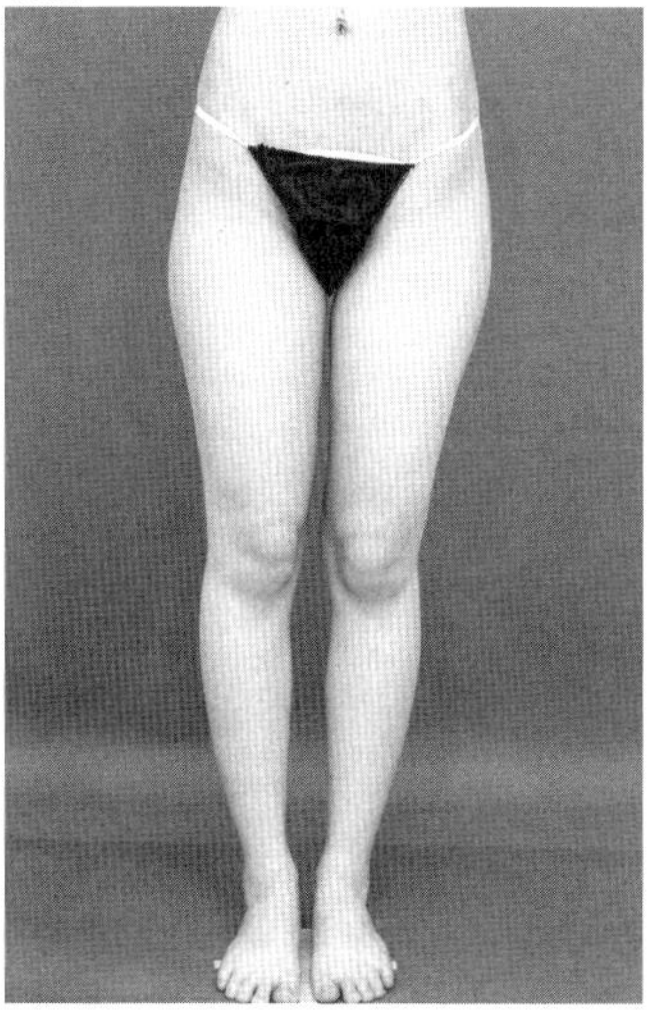

術後

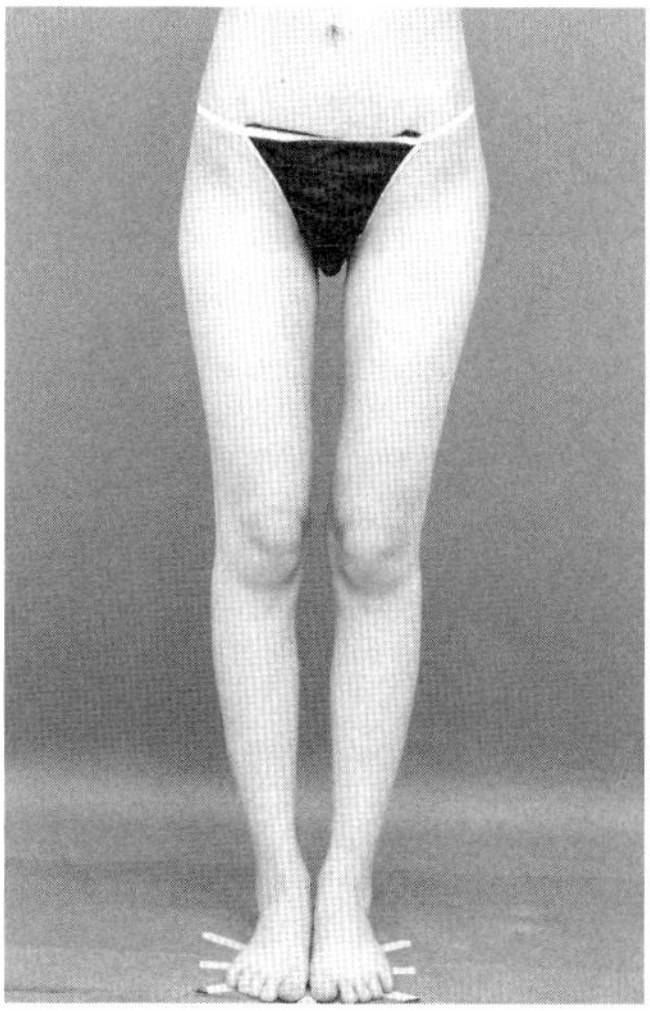

治療概要

ベイザー脂肪吸引：ベイザー波という超音波により脂肪組織を遊離させ、その後刃のない「カニューレ」という専用の器具で脂肪細胞を吸引除去する。吸引後の線維組織には元に戻ろうとする作用が働き、皮膚はキレイに収縮し引き締まる。

ふくらはぎの脂肪吸引の例

【事例 10】

術前

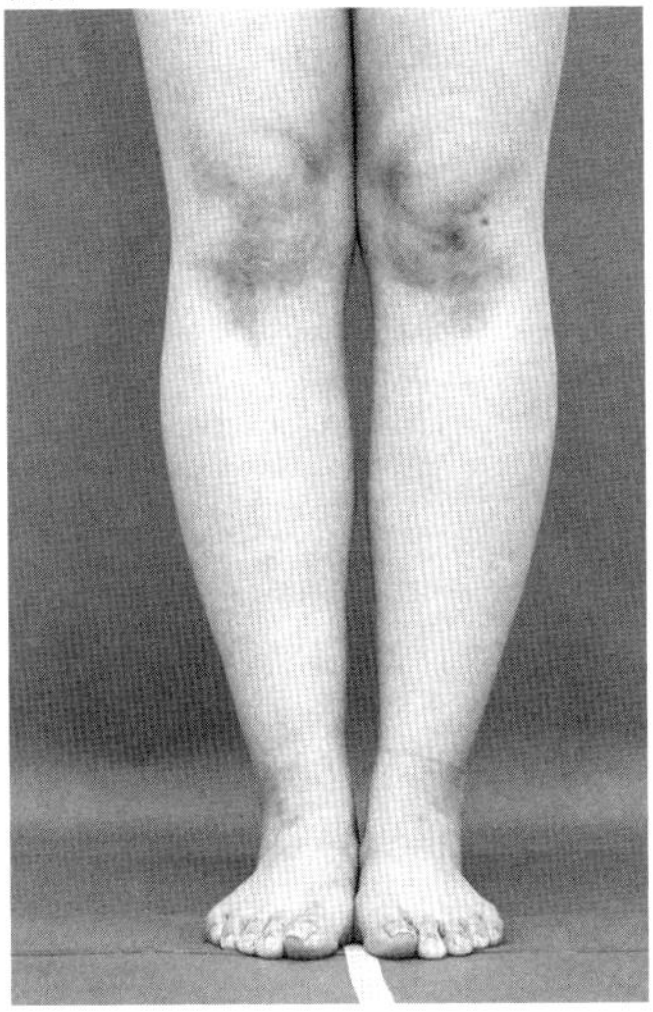

術後

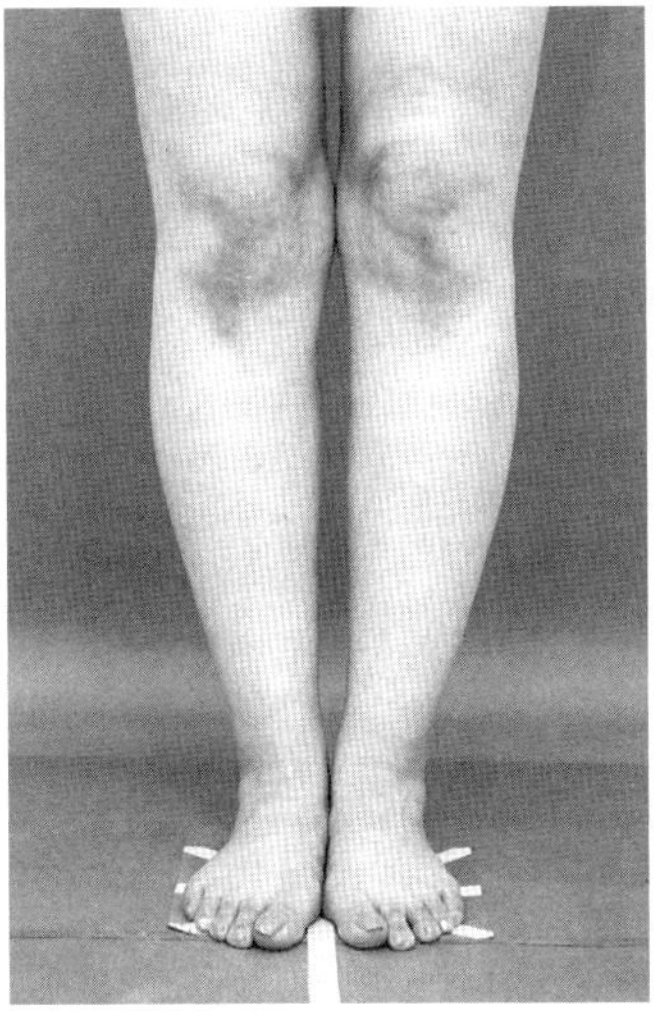

治療概要

ベイザー脂肪吸引：ベイザー波という超音波により脂肪組織を遊離させ、その後刃のない「カニューレ」という専用の器具で脂肪細胞を吸引除去する。吸引後の線維組織には元に戻ろうとする作用が働き、皮膚はキレイに収縮し引き締まる。

他院手術の修正の例

【事例 11】

術前

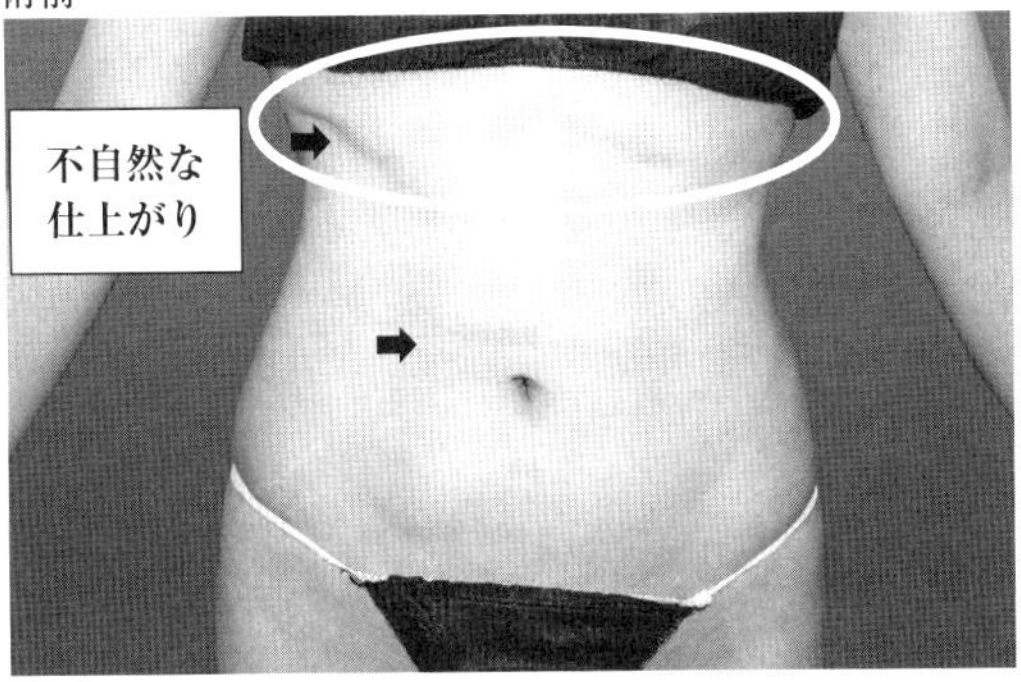

術後

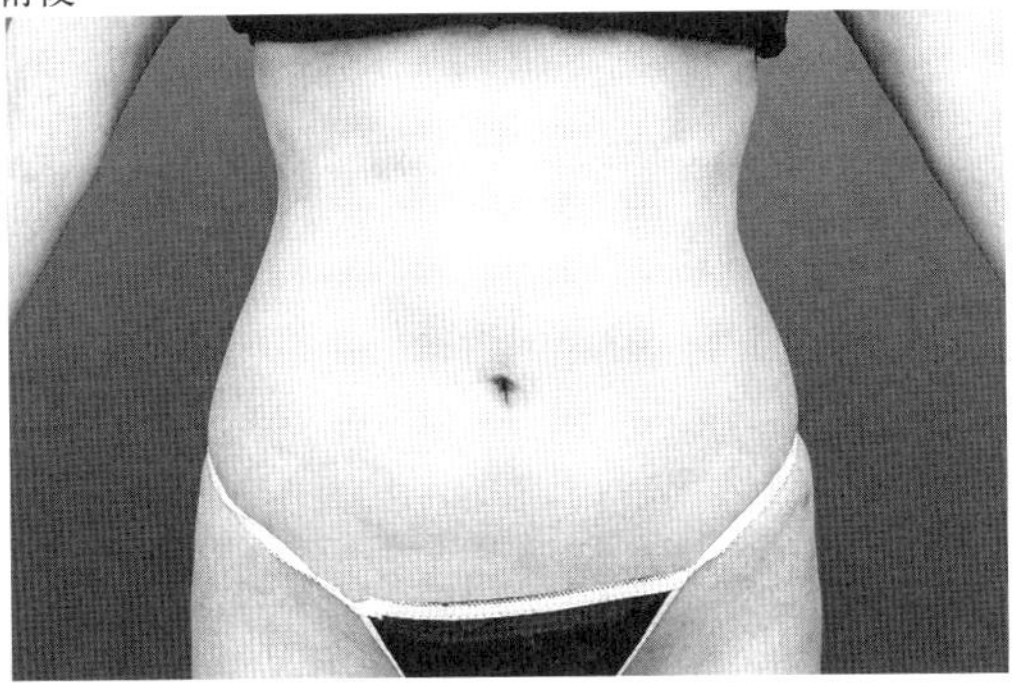

治療概要

ベイザー脂肪吸引：ベイザー波という超音波により脂肪組織を遊離させ、その後刃のない「カニューレ」という専用の器具で脂肪細胞を吸引除去する。吸引後の線維組織には元に戻ろうとする作用が働き、皮膚はキレイに収縮し引き締まる。

【番外編】脂肪注入とは

吸引した脂肪を注入することでバストアップを実現できる

バストは女性の象徴といわれます。それだけに、コンプレックスを感じる人も多いもの。

単純に大きくするだけでなく、一人ひとりの理想形があるはずです。

そんな要望に応えることができるのが、自分の腹部や脚から吸引した脂肪をバストへ注入する「コンデンスリッチ豊胸」です。

「コンデンスリッチ豊胸」なら、自然なラインでバストをボリュームアップできます。また、デコルテ部分まで自然にボリュームアップさせることで、胸元全体を美しく「魅せる」ことも可能です。

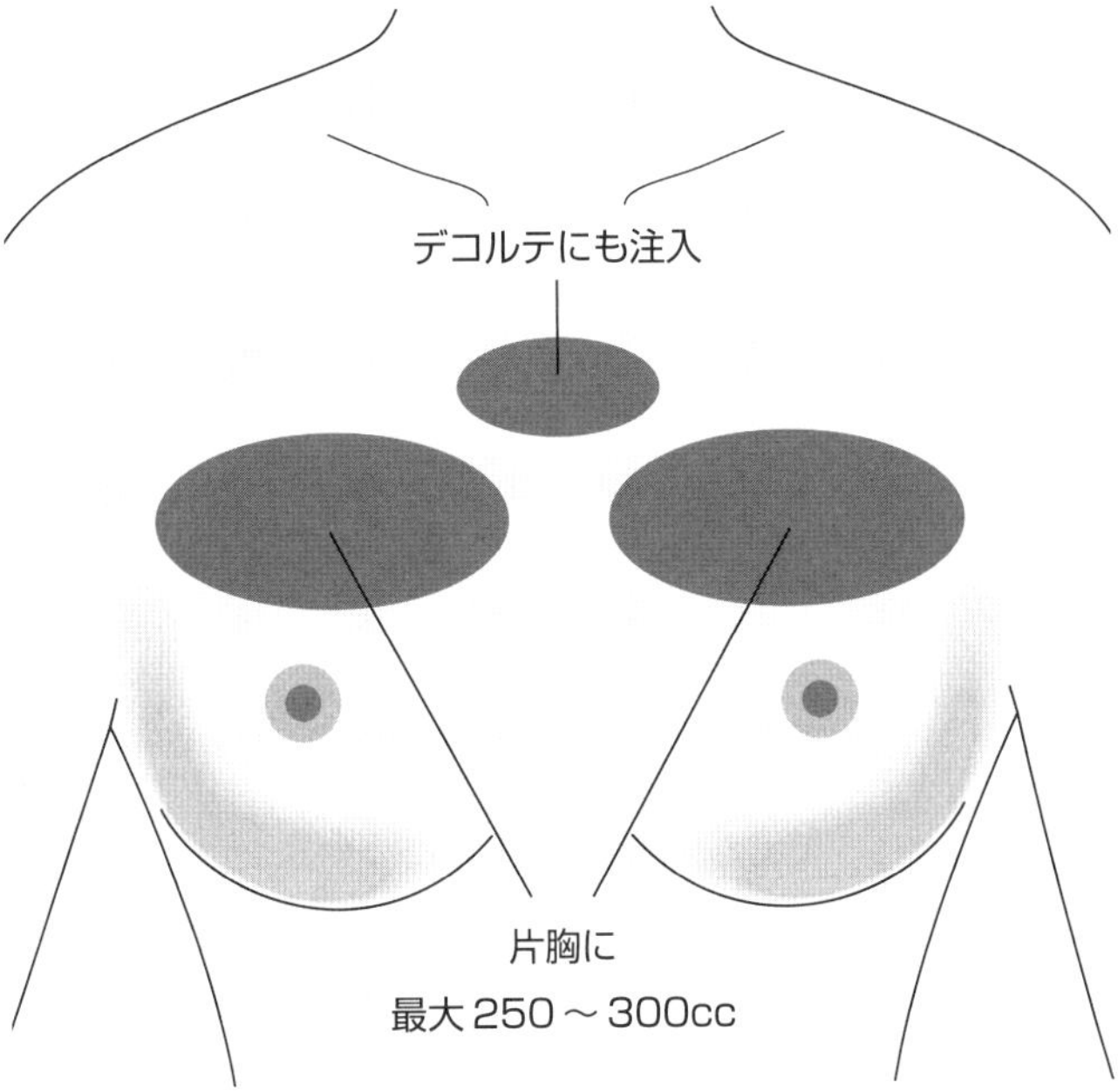

・シリコンバッグ、ヒアルロン酸注入との違い

そもそも豊胸には、①「シリコンバッグを入れる」②「ヒアルロン酸を注入する」③「脂肪を注入する（＝コンデンスリッチ豊胸）」という三つの施術方法があります。10年前までは、「豊胸」というと、ほとんどが①「シリコンバッグ」によるもので、残念ながらトラブルがつきものでした。

①「シリコンバッグ」による豊胸は、大幅なサイズアップが可能な反面、見た目や触感が不自然で、

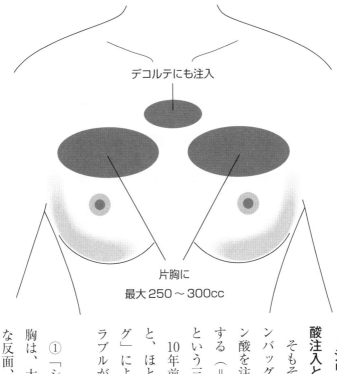

カプセル拘縮という拒否反応や、破損によるシリコンの漏出、感覚異常といったトラブルが起こりうるのです。

自然な仕上がりが期待できること、技術の確実性が向上したことにより、現在では③「コンデンスリッチ豊胸」などの「自分の脂肪」を用いる豊胸手術が主流になりつつあります。

③「コンデンスリッチ豊胸」の場合、注入する「自分の脂肪」には不純物が含まれないため、安全かつ自然にボリュームアップできます。

コンデンスリッチ豊胸についての質問で多いのが、「どうしてしこりができないのか？」というものです。

これはなぜかというと、〝しこり〟になりにくい注入法を採用しているからです。

確かに、自分の脂肪を注入する豊胸手術でもしこりが発生するリスクはありますが、手術の方法によってそのリスクを抑えることができます。

脂肪の注入量を増やしたり、一カ所にまとめて注入したりすると、しこりなどトラブルの原因になります。

こうしたトラブルを避けるには、脂肪を少量ずつ層状に注入する「マルチプルインジェクション」という方法で手術を行うことが必要です。

この方法は、繊細な技術が必要で時間もかかりますが、リスク回避のためにはこの方法を採用するのがベストです。適切な方法で行えば、大きく、自然な仕上がりになります。

自分の脂肪を注入するためか、「痩せていてもできますか？」という相談も非常に多いです。

当然、痩せている方からの脂肪吸引は難易度が上がりますが、痩せている方でも、デコルテにも脂肪を注入し、自然なラインに見えるようにデザインできます。

この「痩せている方でもできる」というのが、「コンデンスリッチ豊胸」の特長の一つです。

コンデンスリッチ豊胸は、一度の注入で2カップぐらいまでのバストアップが上限になります。大きさを求める方にとっては物足りないかもしれませんが、多く入れ過ぎると壊死したり、しこりになったりするリスクが高くなります。

コンデンスリッチ豊胸では、デコルテにも脂肪を注入し、デコルテから胸元の丸みのあるラインをデザインします。また自然な質感とハリのある柔らかいバストをつくる技術で、カップ数以上にグラマラスな仕上がりにデザインしています。

痩せている方からでも上手に脂肪を採取し、お腹、腰、二の腕などの広範囲から凹凸などのトラブルがないように脂肪を吸引します。


手術前のカウンセリングで、医師が一人ひとりの体の個性（授乳した経験、シリコンバッグを入れていたか、年齢による皮膚の伸び具合、体のラインなど）を見極め、最適な方法を提案してくれるはずです。

・コンデンスリッチ豊胸手術の流れ

そもそも「コンデンスリッチ」という名称は、「コンデンス（濃縮）させた脂肪を使うこと」に由来します。

ここで、脂肪をどのように「濃縮」させるのか、説明しておきましょう。

まず、腹部や脚から吸引した脂肪を、外気に触れさせずにウェイトフィルターを装着した遠心分離機にかけます。通常よりも約25倍の圧力がかかることで、老いた弱い「脂肪細胞」は「排泄オイル」へと変化して分離します。

すると死活細胞や細胞膜などの不純物のない、新鮮な「コンデンスリッチファット（濃縮した脂肪）」だけを抽出できるのです。

遠心分離をしただけの場合(ウェイトフィルターなし)

健全な脂肪細胞

通常の遠心分離では、問題なく残る

老いた弱い脂肪細胞

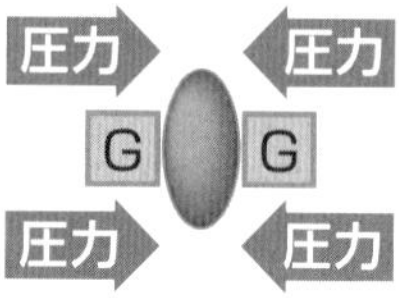

弱った脂肪細胞でも、通常のG(圧力)ではそのまま残り、注入後に死活細胞になってしまう

コンデンス技術の場合(ウェイトフィルターあり)

健全な脂肪細胞

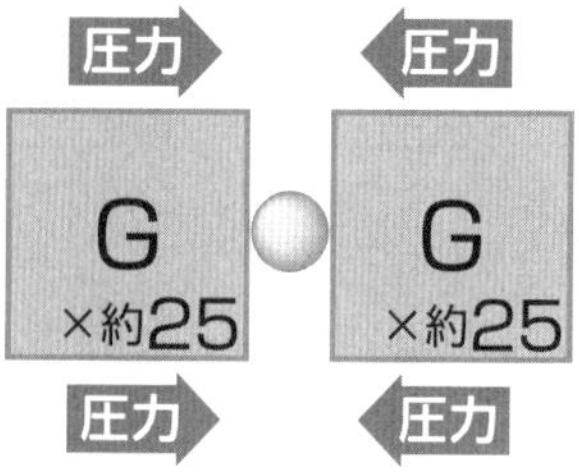

健全な脂肪は約 25 倍のGにも耐えることが可能。コンデンスリッチファット注入では、このGに耐えることのできた強く健全な脂肪のみを使用

老いた弱い脂肪細胞

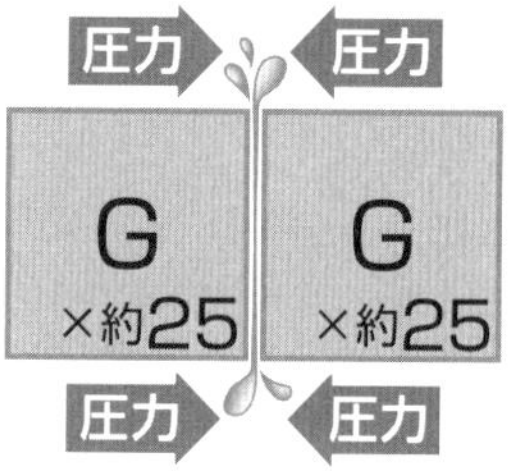

弱った脂肪細胞は、細胞膜が薄く弾力性もないため、約25倍のGに耐えられず、排泄オイルとなる

このような「コンデンス技術」によってできた健全な「コンデンスリッチファット」は「幹細胞」を多く含みます。そのため、体に注入しても約80％という高い定着率となるのです。

これらの脂肪吸引から注入までのプロセスは、すべて無菌状態で行われます。ですから感染症のリスクも非常に低くなります。

「石灰化」や「脂肪壊死」などの問題もクリアした、先進的な再生医療の技術です。

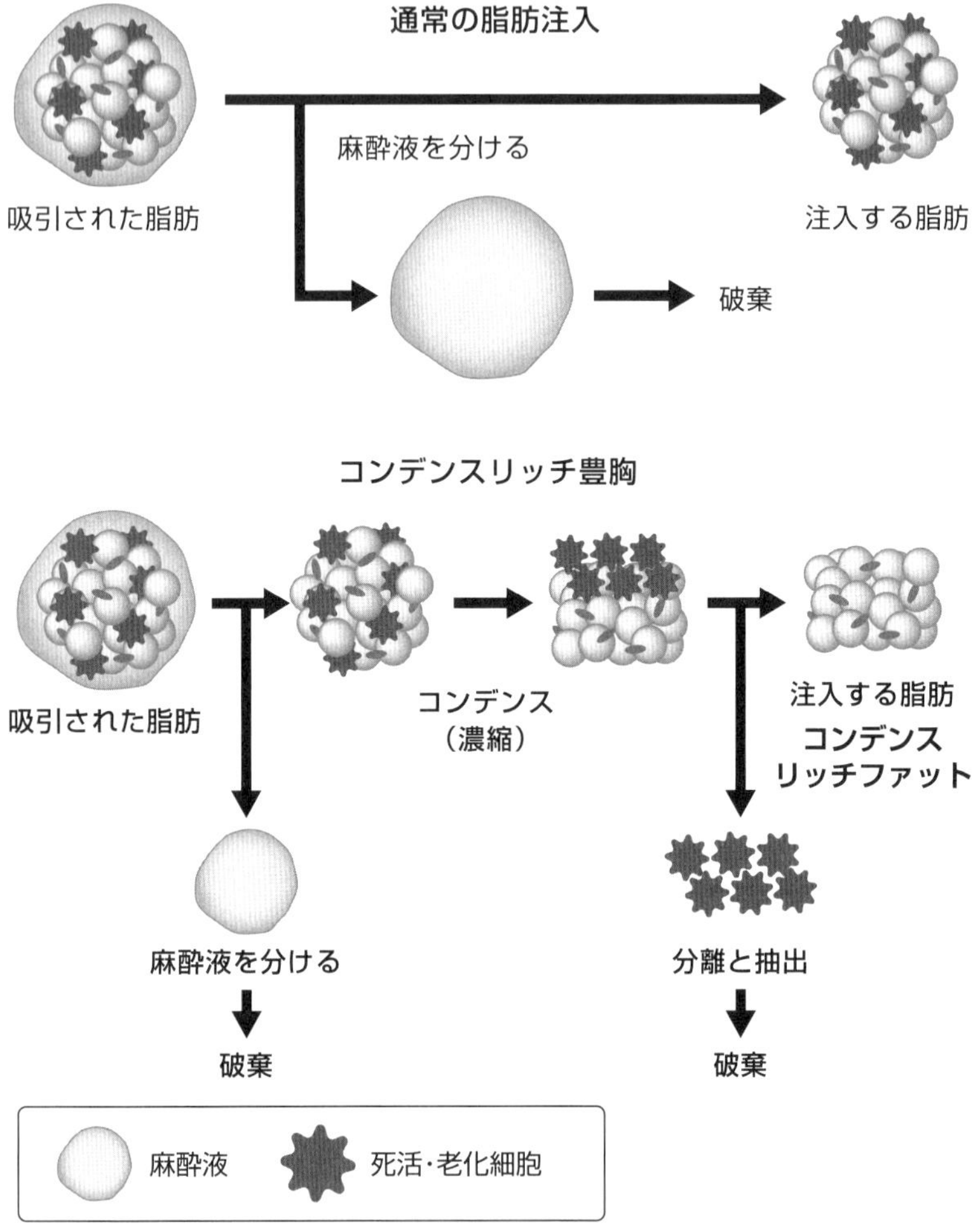
通常の脂肪注入
吸引された脂肪
麻酔液を分ける
注入する脂肪
破棄
コンデンスリッチ豊胸
吸引された脂肪
コンデンス
（濃縮）
注入する脂肪
コンデンス
リッチファット
麻酔液を分ける
破棄
分離と抽出
破棄
麻酔液
死活・老化細胞

その難題が解決できたのは、先ほどご紹介した「マルチプルインジェクション」という注入法が採用されたからです。

従来の脂肪注入法は、1カ所にまとめて注入するものでした。

そのため、中心部まで血液や酸素が届かず、脂肪が壊死して石灰化したり、しこりになったりすることもまれにですがありました。

そこで先進的な技術と経験を必要とする「マルチプルインジェクション」を採用したのです。この方法だと、さまざまな層に少量ずつ分散して注入できます。それにより、多くの問題が解消したのです。

また、「バストに注入する量」もポイントです。

過剰に注入すると、石灰化やしこりなどの要因となります。

また、例え分散して注入しても、総量が多いと結果的に血液や酸素が通いにくい状態になります。そのため、注入量は最大で約250～300ccが目安です。

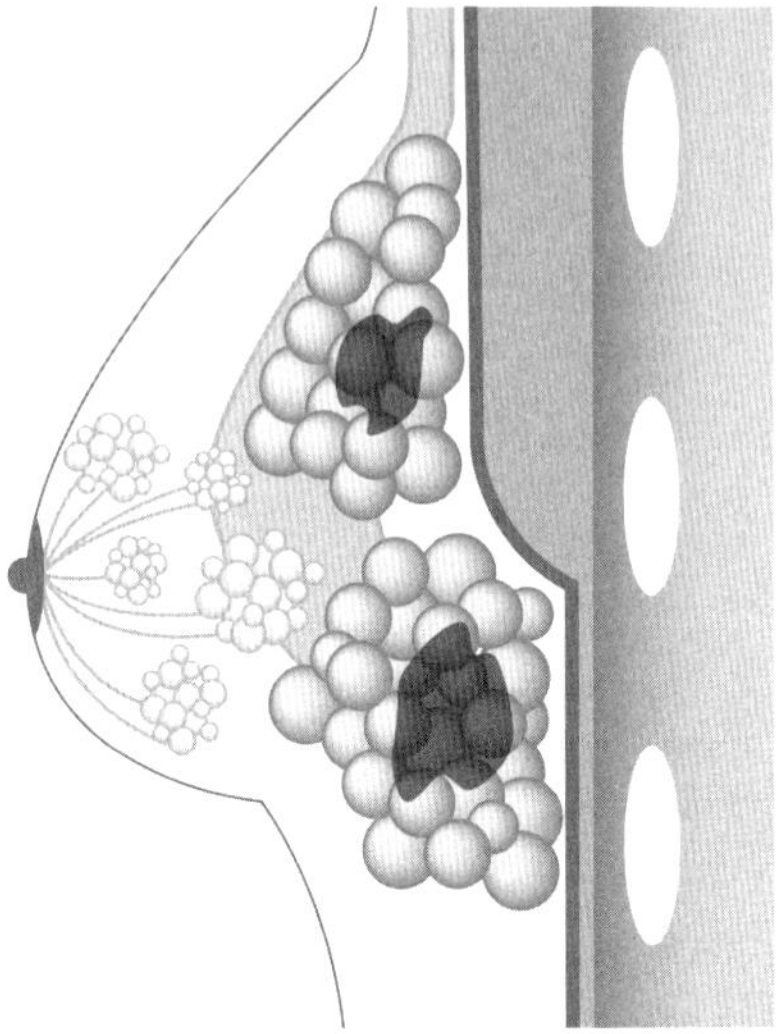

まとめて注入した場合のリスク

1カ所にまとめて注入すると脂肪が壊死して石灰化したり、しこりになる

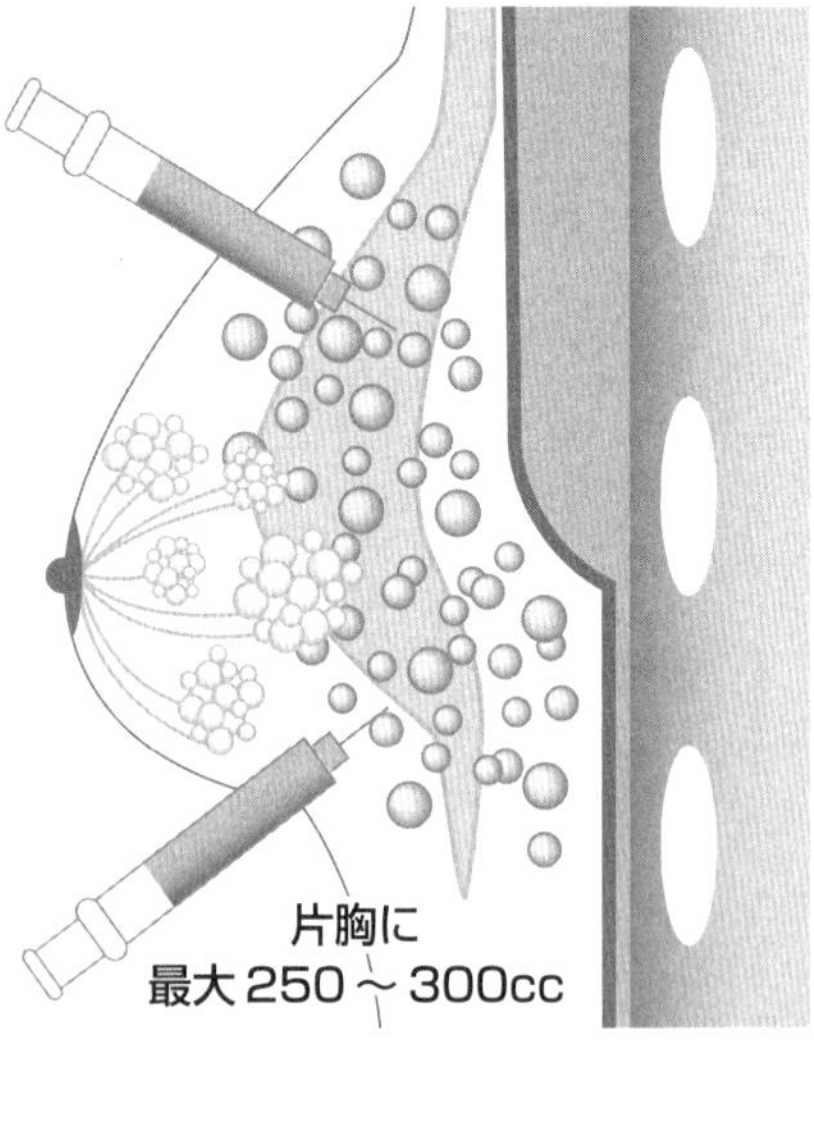

回避ポイント

「マルチプルインジェクション」でさまざまな層に少量ずつ分散して注入する

【コンデンスリッチ豊胸の事例】

術前

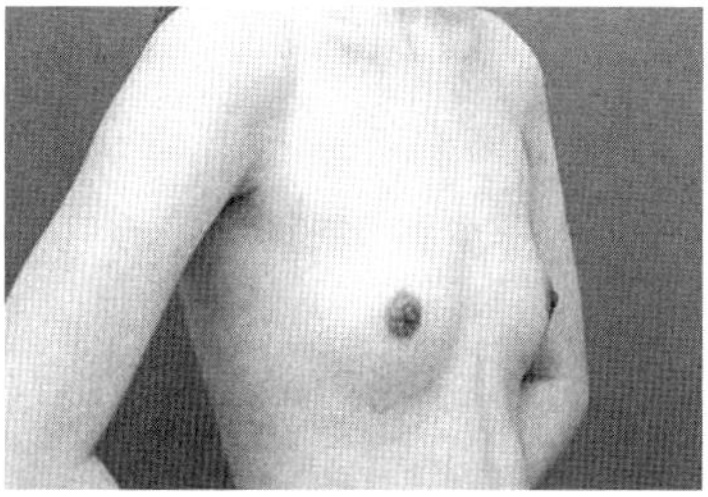

術後

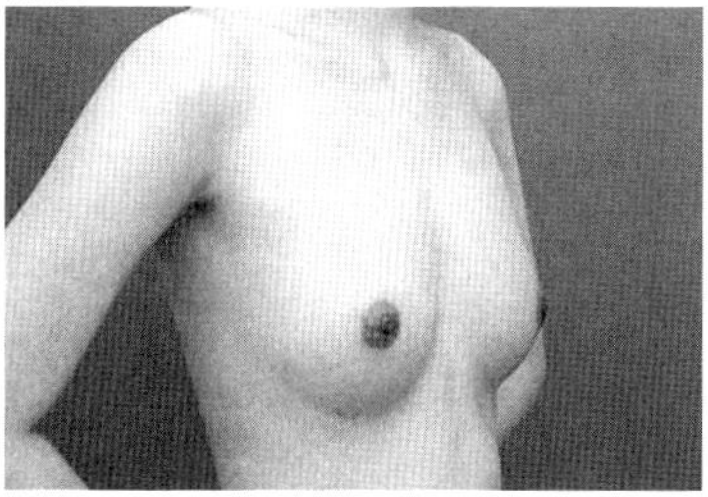

術前

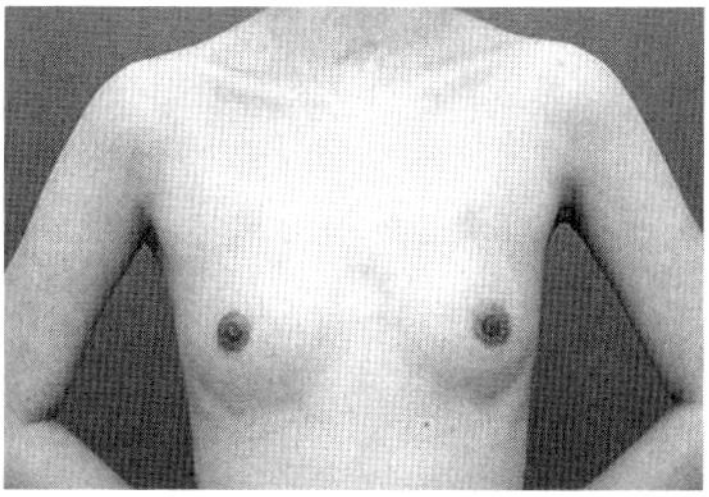

術後

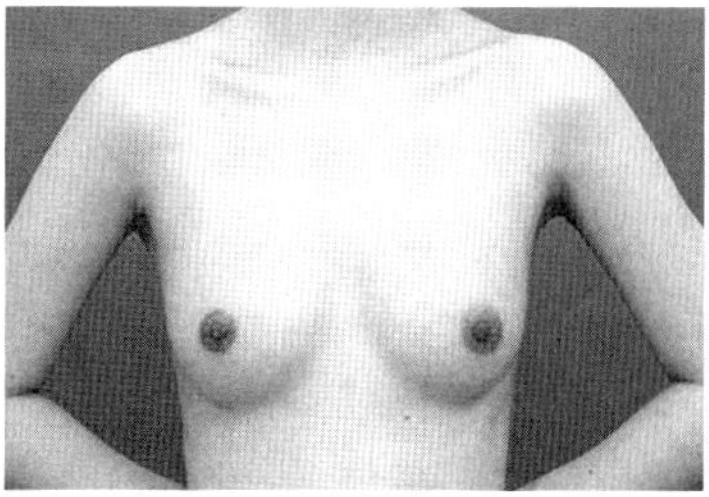

治療概要

コンデンスリッチ豊胸：自分の脂肪を用いた豊胸術で、腹部や脚から吸引した余分な脂肪から特許技術によってコンデンスリッチファット（CRF）を生成してバストへ注入。不純物を含まない為、安全かつ自然にボリュームアップが可能。

【コンデンスリッチ豊胸でシリコンバッグを抜去した事例】

術前

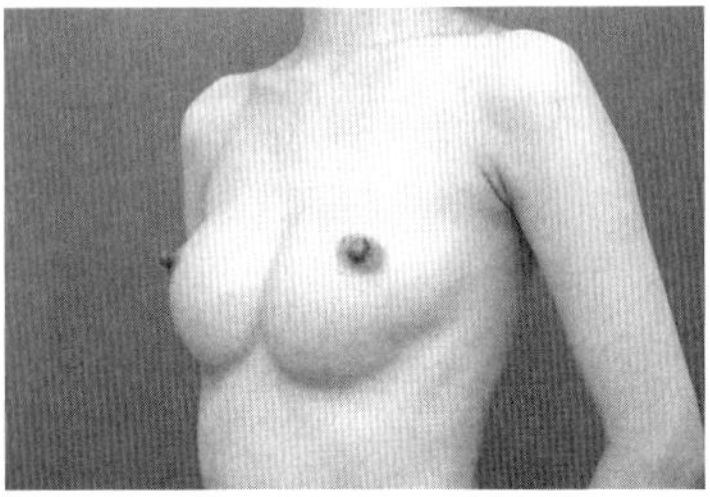

術前

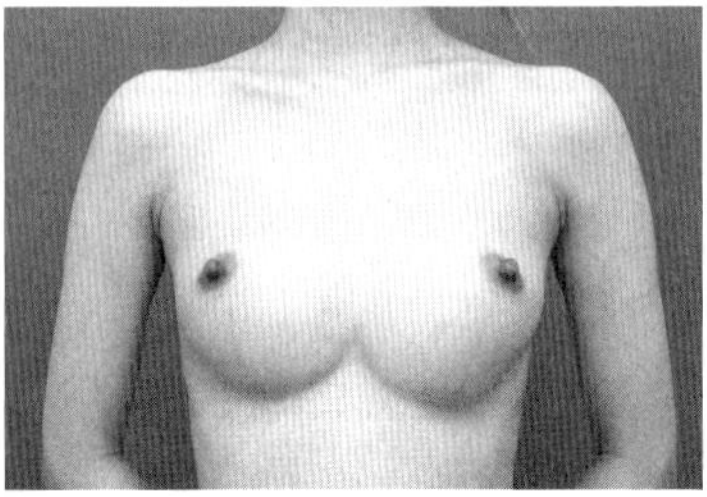

術後

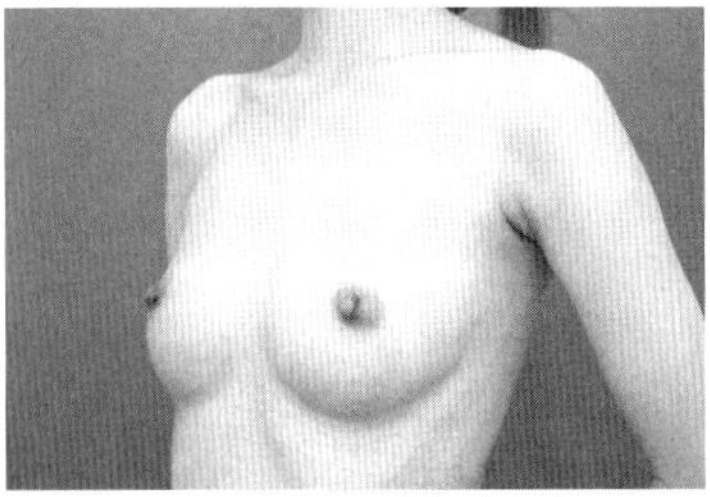

術後

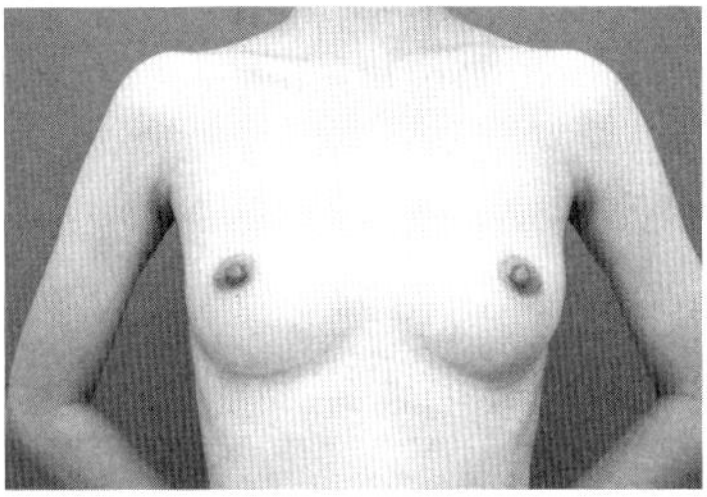

取り出したシリコンバッグ

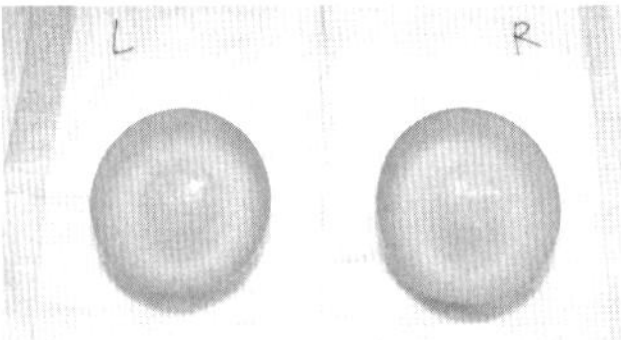

治療概要

コンデンスリッチ豊胸：自分の脂肪を用いた豊胸術で、腹部や脚から吸引した余分な脂肪から特許技術によってコンデンスリッチファット（CRF）を生成してバストへ注入。不純物を含まない為、安全かつ自然にボリュームアップが可能。

【脂肪注入でエイジングケアをした事例】

術前

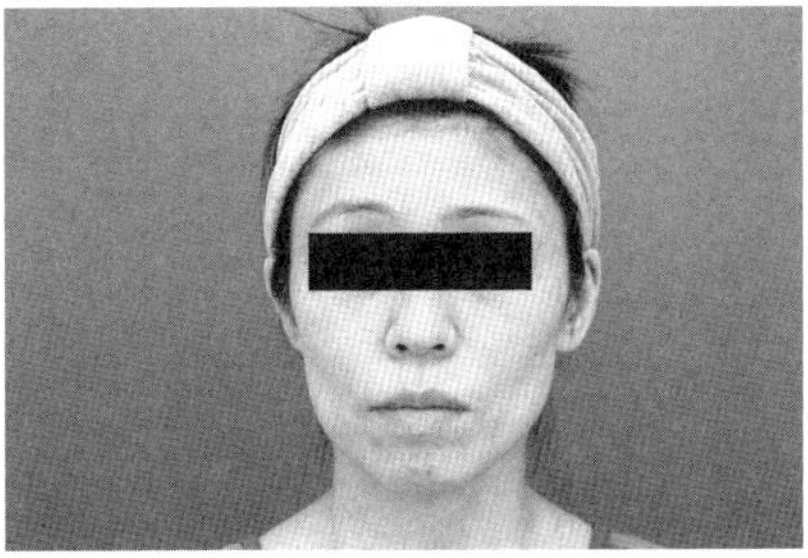

術後

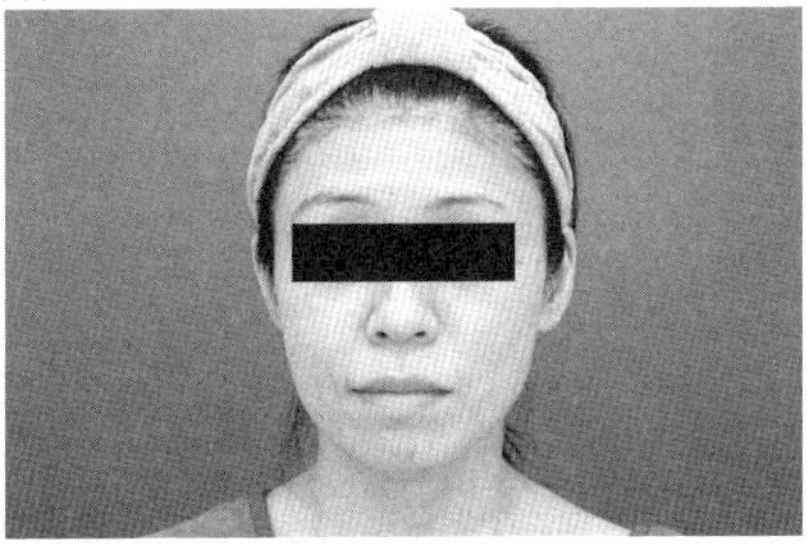

治療概要

ベイザー脂肪吸引：ベイザー波という超音波により脂肪組織を遊離させ、その後刃のない「カニューレ」という専用の器具で脂肪細胞を吸引除去する。吸引後の線維組織には元に戻ろうとする作用が働き、皮膚はキレイに収縮し引き締まる。

第4章

「腕のいいドクターと巡り会うこと」がカギ
脂肪吸引を成功に導く
病院・医師の選び方

脂肪吸引は「自由診療」である

ここまで、脂肪吸引の施術に関してご説明してきましたが、第４章では脂肪吸引にかかる費用についてもお話ししておきましょう。

美容医療の世界は、ほぼすべてが「自由診療」で、費用は全額患者さんの負担となります。

ですから、脂肪吸引を考えるなら、「自由診療」の性質を知っておくことが重要です。

自由診療の場合、全額が自己負担で高額にはなりますが、症状や状態に適したもののなかから、細かな希望を出し、理想のデザインを追求することができます。それが自由診療の強みです。

数ある選択肢のなかから「自分の好きな方式」や「信頼する医師」を選べるということです。

とはいえ、そのような状況を逆手にとるかのようなクリニックが、残念ながら一部存在します。

例えば、「公開されている価格と、最終的に払う価格が違う」クリニックは、珍しくありません。オプションであとから追加料金が加算されていく、という仕組みです。

また、安いキャンペーン価格を謳っておき、カウンセリングで高いコースを提示するなど「金額がどんどんアップする」というクリニックもよく見かけます。

このような「看板に偽りあり」の料金体系を見抜くのは困難です。

手術を希望するクリニックの候補が見つかったら、「価格表にある費用だけですべてですか?」と確認しましょう。

トラブルを避けるのなら、最初に明朗な「ワンプライス会計」のクリニックを選ぶのがお勧めです。

ワンプライス会計のクリニックなら、手術費用以外にあとからさまざまな名目の費用が加算されていくことはありません。手術費用は、麻酔代や薬代、術後のアフタートリートメントまで、すべて含めた料金設定です。

美容医療の世界は、自由診療であるがゆえにトラブルが多い、といえます。

患者さんが痛い目に遭っても「自分で選んだのでしょう?」とみなされ、被害を相談する先もありません。だからこそ、最初からよいクリニックを選びたいものです。

「クリニック選び→医師選び」の二段構えで検討する

脂肪吸引は、担当する医師の技量に大きく左右されます。

自由診療だからこそ、その技術やサービスに〝格差〟があるのです。

例えどのような仕上がりになっても、「患者さんがそこを選んだから」という自己責任になるのです。これは通常の「買い物」と比べても、同じことです。


例えば車を買うとしましょう。

「安いから」という理由で細かい点にこだわらず、価格だけを見て適当に車を選んで入手した場合、その車がすぐに壊れたとしても、「車屋さんでその車を選んだのは、その人の責任だから」という話になります。

「どこで受けても同じ」という保険診療なら、ある程度医療の質は同じ水準に保たれ、安全性は担保されています。

でも、そこまで患者さんが「守られていない」のが、自由診療なのです。

さらにいうと、医療の場合、「ものを買う」という消費行動とは大きく異なる点があります。それは、患者さんの健康が損なわれてしまったり、命に関わる事態が引き起こされかねないという点です。

「安いものを買って散財したね」という話では決して済まされません。ですから、「どのクリニックか」「どの医師か」という見極めを、しっかりやっておくことが重要です。

そのために、「どのクリニック（医療機関）か」を考えてから「どの医師か」を検討する、「クリニック選び→医師選び」という二段構えで検討してみてください。

インターネットで調べれば、そのクリニックが採用している脂肪吸引の術式が分かります。その時点で、クリニックの候補が絞られるでしょう。

それから医師を選びます。

医師を選ぶ際に、そのクリニックのサイトに、「医師の紹介」や「医師のプロフィール」といったページがない場合、残念ながら問題外と考えてください。

脂肪吸引の世界では、医師の経歴や顔写真に加え、症例写真まで公開されているのが〝常識〟です。

医師選びには「ブログ」や「SNS」をチェックする

脂肪吸引に興味がある方に、正しい情報を提供することも医師の責務です。

特に、現在はインターネットが発達していますから、ネット上で発信をすることで、患者さんは治療の完成図をイメージしやすくなるはずです。

ですから、症例写真を紹介していないクリニックもまた、今の時代は問題外です。症例写真がないということは、単純に症例が少ないか、公開できるような写真がないだけだと考えられます。

今はスマートフォンでも簡単に写真を載せられる時代ですから、忙しいから写真をアップできないというのは嘘です。

「手術件数の数（実績）」＝「その医師の実力」という側面があります。

患者さんには、その点をぜひ見抜いてほしいのです。

患者としてのネットリテラシー（ネット情報を読み解く力）をアップしてもらえれば、よい医師にたどり着きやすくなります。

「たまたまうまくいった症例」だけを、わずか数件、何年間も掲載し続けているようなサイトや、明らかに「更新されていない」サイトもよく見かけます。

「発信への意欲」や「頻度」から、医師の熱量や力量は、自ずと伝わってくるでしょう。

同じ医師免許という国家資格を持っていても、その腕や熱意には大きな差があります。

そこを見抜くことが重要です。

「センス」「美的感覚」の合う医師を選ぶ

実際、私のもとには、脂肪吸引を希望しながらも、どこのクリニックで受けるのがよいか迷われている方からのメールが数多く届きます。

例えば、次のようなご相談です。

「脂肪溶解注射を3回しましたが、効果が感じられないので脂肪吸引を考えています。ただ、どうやってクリニックを選んでいいのかが分かりません。何か基準のようなものがあれば教えてください」

クリニックを選ぶ基準については、何とも言い難いものです。ただ、クリニックによってどの施術を得意としているかは違います。

ですので、脂肪吸引手術を受けるのなら、症例写真やブログで脂肪吸引の事例を紹介しているクリニックを選ぶことがポイントです。

あとは、実際にカウンセリングを受け、医師との相性を見て、信用できるか判断するのがよいでしょう。

膨大な候補のなかから、「実際に通えるところ」などの条件によってふるいにかけるうち、「価格」の違いという問題に突き当たり、悩む方もいます。

その代表的なお悩みをご紹介しましょう。

「脂肪吸引をすると決意したのですが、クリニックによって言うことが違ったり、値段も違うので迷っています。安いクリニックに惹かれる気持ちもありますが、やっぱり失敗したくないという気持ちもあって。どうやってクリニックを選んだらいいでしょうか？」


確かに、全国にはさまざまなクリニックがあり、値段もそれぞれですので、悩むのは当然のことでしょう。最もよいのは、二〜三つのクリニックに候補を絞り、候補のクリニックすべてでカウンセリングを受けることです。

医師と患者さんもあくまで人間同士。ですから、「合う・合わない」という問題はあります。

カウンセリングで実際に医師の雰囲気を見た段階で、ある程度の判断はつくはずです。

また、脂肪吸引を受けるにあたり、術後のフォロー体制もポイントになります。

術後もしっかりと相談を受け付けてくれるクリニックのほうが、術後も安心して過ごせます。

カウンセリングの段階で、そこまで「親切に説明しようとしないクリニック」は、「論外」と思ってよいでしょう。


美容医療につきものの「医師のセンスにまつわるお悩み」も数多くいただきます。

こんな声をいただいたこともありました。

「コンデンスリッチ豊胸に興味があり、検討していますが、結局のところ、医師のセンスが大事な気がします。どういったところで判断すればいいのでしょうか？」


この患者さんのおっしゃる通り、「医師の美的センス」も仕上がりを左右します。とはいえ「センス」とは個人差が大きいものですし、感性が似ているかどうかという点もあるので、断言しにくいものです。

そこでお勧めしたいのは、相手を「見た目」や「直感」で「快」と感じるかどうかで判断することです。

例えばクリニックの内装、その医師の外見（ファッション、姿勢、表情）、話し方などでだいたいのところは分かるはずです。何軒かカウンセリングを体験して、「自分と感覚が合う」と思える医師に任せるのが理想的です。

美容医療の世界で医師を選ぶのは、同じ「美」を扱う「美容院」「美容師選び」と似た部分があります。

「キレイにしてもらおう」という期待で胸をいっぱいにして訪れているのに、お店が不潔だったり、内装が古びていたり、美容師が「イケていない」感じだったり、ヘアスタイルが「ヘン」だったら、そこでのスタイリングはお願いしたくはないはずです。

脂肪吸引も同じです。

「脂肪吸引＝医療。だから、ダサくてもいい」ということにはなりません。手術を担当する医師自身が「美」に無頓着だったら、患者さんは違和感を持つべきです。

自分の体を委ねるのですから、後悔しないためにも、相手の美的感覚をシビアにチェックしてください。

「患者の心に寄り添っている」医師を選ぶ

脂肪吸引では、「現状の患者さんのコンディションと折り合いをつけながら、デザイン性にこだわりつつ、患者さんの理想像に近づけていくこと」が、医師の最重要課題になります。

ですから、医師には患者さんの声に耳を傾け、心に寄り添うことが求められます。

ところが私のもとには、次のようなメールがよく寄せられます。

「脂肪注入での豊胸を真剣に考えています。他院のカウンセリングに行ったところ、終始早口で説明され、私の体を見ることもなく5分くらいでカウンセリングが終了してしまいました。いくつか聞きたい質問があったのですが、急かされているようで逆に不安になってしまいました」

カウンセリングとは、実際的な「打ち合わせの場」です。

同時に、医師と患者さんが信頼関係を築く場でもあります。

その大事な時間を「短く済ませよう」とする姿勢には、私は疑念を覚えます。

カウンセリングの場で「ピンとこない」、もしくは「話を真摯に受け止めてもらっていない」と感じたら、そのクリニックでの脂肪吸引は考え直すべきでしょう。

それほど、カウンセリングは重要です。

カウンセリングが「手術がうまくいくかどうかを左右する」といっても、過言ではありません。


私の経験上、「カウンセリングを行った医師と、実際に手術を担当する医師が違うと、もともと希望していたイメージと違う仕上がりになり満足できない」というケースが多いようです。

そのような事態を防ぐためには、「カウンセリングを担当した医師」が、手術まで担当するような仕組みにすることが必要です。


また、「理想的なカウンセリング」かどうかを見極めたいときは、脂肪吸引の「細かいデザイン」まで具体的に、自由に話せる雰囲気かを基準にしてください。

例えば「二の腕の、この部分が特にイヤなんです」という率直な思いや、具体的な要望を恥ずかしがらずに話せるかどうか。

わざわざクリニックに出向き本音で話すわけですから、そこがよいクリニックなら、医師たちも真剣に向き合ってくれるはずです。もし、リクエストしたことが現実的に難しければ、きちんと説明があるでしょう。

それが医師として〝最も誠実な態度〟だと、私は信じています。

カウンセリングで
診察をきちんとしているか
どうか

カウンセリングとは、言葉のやりとりにとどまるものではありません。実際に体の診察もします。

患者さんの年齢や身長、体重、体脂肪率など、数値で分かることは、ほんの一部。実際に、脂肪の付き具合や肌の調子を見て、分かることも多くあるからです。「体の現状」も事前に把握をしておかないと、本当によい脂肪吸引はできません。

しかしながら、他院で手術を受けた患者さんから、次のような声がありました。

他院で太ももの脂肪吸引の手術を受けたが、３カ月経っても太もも全周の太さがほとんど変わっていない。

カウンセリング時には太ももを診ることも触ることもいっさいなく、ただ症例写真を見せて「このように太ももの間に隙間ができます」とだけ言われて、あっという間に終わったので疑問に思った。しかし、担当の先生が総医院長であったため、「カウンセリングはこういうものなのかもしれない」と思った。「総医院長が手術をしてくれるのであれば仕上がりも間違いない」と信じ切ってしまい、その日のうちに前金を支払い、翌々日には手術を受けた。

ところが担当の医師は、術前でさえも太ももの診察をするどころか、触ることすらなく、10秒程度マーキングをするのみだった（内ももの凹凸に線を入れ「脚を真っ直ぐしますね」と言われただけ）。

今となっては取り返しがつかないが、「脂肪吸引のカウンセリングで実際に診察をしない」ということがあるのか教えて欲しい。


確かに、脂肪吸引は同じ太ももの太さでも筋肉量の違いから、期待できる効果が個人によって違ってきます。だからといって、診察をしなくていいわけではありません。必ずカウンセリングの段階で実際に太ももを見せてもらい、期待できる効果はどれくらいか具体的に説明するのが基本です。

説明をすることで患者さん本人も納得され、特に術後は不安を抱くことなく過ごすことができるからです。

ただ残念ながら、カウンセリング時に手術をする箇所を診察しないというクリニックは、今でも多く存在します。

そういったことも含め、事前にご自身の考え方にあったクリニックを選ぶことが非常に大事です。

後悔しないために、「実際に手術を行う医師が、カウンセリングにどれだけの情熱を傾けているか」を、医師選びの基準としてください。

第5章

「脂肪吸引」で理想のカラダと輝く未来を手に入れよう

脂肪吸引は
自分自身を高める
ポジティブな行為

ここまで、脂肪吸引について基本的な知識から、手術にあたっての悩みに関する回答まで、詳細にご説明してきました。

とはいえ、私は「すべての女性が脂肪吸引をすればよいのに」と考えているわけではありません。

運動や食生活の改善でダイエットをする道も、すばらしいことです。

ただ、通常のダイエットで脂肪を落とすのが難しい部位でも、脂肪吸引であれば「ピンポイントで効率よくアプローチできる」ことをお伝えしたいのです。

脂肪吸引の最大のメリットは、「即効性」です。

手術を受けた日に結果が出ます。

おまけに、その翌日から日常生活を送ることができます。

ですから、脂肪吸引とは「時間を買う手術」と定義できるかもしれません。

そのような〝美容の近道〟を知らずにいることは、もったいないことだと私は考えています。

せっかく理想の体を思い描いているのに、そこまでたどり着けず、あきらめてしまう女性たちのなんと多いことでしょうか。

ボディラインが変わる、ということは大きな意味を持ちます。

ファッションもブラッシュアップされ、行動範囲が広がったり、人間関係が変わったり。さまざまなステージがアップして、見えてくる世界が違ってくるからです。

実際、脂肪吸引の手術後、「人生が大きく変わった」方は多いものです。

その理由は「自分が持っていたパワーをうまく発揮できるようになったから」でしょう。気持ちがいっそうポジティブになることで行動面でも変化が起こり、望む結果を手に入れる方は少なくありません。


そもそも「自分のボディラインを変えたい」と願い、脂肪吸引に挑戦した方は、前向きでポジティブに生きることを目指してこられた方です。

「ボディラインを変えることで、内面も進化したい。自分の価値をより高めて、周囲にもよい影響を与えたい」

このような純粋な動機があったからこそ、脂肪吸引を受けられたのだと思います。

そして術後のダウンタイム期のケアについても「手間だ」と思わず、前向きに取り組めるのだと思います。

そのような姿勢はすばらしいものです。「医療の力で、そのような生き方をバックアップしていきたい」と、私は常に願っています。

脂肪吸引とは、美容外科のなかでも「患者さんの健康意識を特に高めてくれるジャンル」です。

脂肪吸引でいったんキレイなボディラインを手に入れた患者さんは、それを保ち続けるために、食事や生活習慣を見直されるようになります。脂肪吸引をしたことで自分の体をより愛せるようになり、いっそう大事にできるようになったのでしょう。

また、脂肪吸引は外見だけでなく、自己肯定感を確実に高め、内面にも大きな変化をもたらしてくれます。

自己肯定感とは、「自分が自分であることに満足し、価値ある存在として受け入れる」こと。つまり、人生の軸となるような大きなエネルギーのことです。

自己肯定感がいったん高まると、人はより努力できるようになります。

このような自分磨きのスイッチを押してくれる手段は、ほかになかなかありません。

脂肪吸引なら真のスタイルアップが実現できる

脂肪吸引とは、不思議な手術です。

体重が落ちることはほとんどありません。

しかし、体重が落ちていなくても「痩せて見える」のです。脂肪を取り除いた部位の脂肪がなくなるためその分の体重は当然落ちますが、数値で考えるとごくわずかなものです。脂肪が非常に軽いからです。

けれどもよく考えてみてください。

その人の体が美しいかどうかは、「外見」だけでほぼ決まります。

コンテストに出場するのでもない限り、周囲の人に体重を明かす必要はありません。ですから、「体重の数値が減ること」でなく、「痩せて見えること」が重要なのです。

脂肪吸引なら、狙ったパーツだけを確実に痩せさせることが可能です。

「ダイエットの結果、バストだけ落ちてしまった」「顔だけげっそりしてしまった」このような〝悲劇〟を避けられます。

従来のダイエットにありがちな「体重だけを気にする考え方」は横において、よく考えてみてほしいのです。

ただ、脂肪吸引は長い目で見ると「体重減少」にも貢献してくれます。部位にもよりますが、脂肪吸引をしたことにより体を動かしやすくなったという方も多いです。

分かりやすい例でいうと、お腹の脂肪吸引をしてウエストの脂肪が少なくなると、「脂肪が邪魔でできなかった運動」に取り組みやすくなります。

また、お腹周りが軽くなったことにより、体を動かしたくなったりします。

その結果、自然と運動量が増えて、体重が減るのです。運動を習慣化された方も多くいらっしゃいます。

「体を見られること」に抵抗がなくなり、スポーツジムの会員になったり、ピラティスやダンスなどの教室に通ったりしたいと思われるようです。

つまり、脂肪吸引がきっかけとなって、より健康的にもなれるというわけです。

そのような心境の変化を術後にご報告いただく瞬間は、医師として大きな喜びを感じます。

手術前から変身後の人生計画を立てておく

皆さんが、いざ脂肪吸引を受けてみようと思うようになったなら、術後の数日間をポジティブな気持ちで過ごすためにも、楽しい人生計画を考えておいていてください。「初めてのファッションに挑戦する」「好きな水着を選ぶ」といった予定を入れることも楽しいことですが、より大きな計画を立てることもお勧めです。

「仕事面で新たなチャレンジをしてみる」
「新たな人間関係を築く」
「新たな恋を探す」
「新たな趣味を始める」

人生をリスタート（再出発）するつもりで、自由に考えてみてください。

私の患者さんのなかにも、手術後の人生の青写真を明確に描いて、カウンセリングを受けに来る方がいます。

例えば、「美しさが問われる業界」で日々研鑽を積んでいらっしゃるTさんという女性は、「トップにまで上り詰めること」を目標に掲げて脂肪吸引を受けられました。

その後、見事な結果を残されました。

Tさんの場合、「脂肪吸引のあと、○カ月で成績を上げる」という計算までされていたようです。先の状況まで予想することは難しいかもしれませんが、細部まで具体的な計画を立てておくほど、実現の可能性は高まるようです。

脂肪吸引を受ける前に配偶者との別れを経験されていたSさんのエピソードも、ご紹介しておきましょう。

Sさんが、脂肪吸引のどれくらい前に離婚されていたのか、詳しいことまでは分かりません。ただ、手術の数カ月後、次のような連絡をいただいたのです。

「脂肪吸引をしたことで、女性としての自信を取り戻し、新しいパートナーを見つけることができました」

Sさんは「離婚」という大きな節目を乗り越え、新たな人生を切り拓かれたのです。

脂肪吸引は、どんな状況に置かれている方にも、自信を与えることができます。

そして、「どんな人生でも好転させていく力」を秘めています。ですから、臆せずに大きな夢を抱き、目標を自由に設定し、チャレンジしてみてください。

体を磨いて自信をつけて、人生を好転させよう

多くの患者の皆さんとお話をさせていただいて、分かったことがあります。

「誰かのため」ではなく、「自分のためにキレイになりたい」という女性がとても多い、ということです。

「今の体が嫌いなわけではない。けれども、このパーツを細くしたら、もっと自分のことを好きになれる」

このような美意識の高い女性が多いのです。

言い換えると「評価軸が他人ではなく、自分にある女性」です。

評価軸が自分にある女性は、自分自身で主体的に考え、判断し、行動できます。「すべては自己責任である」という考え方で、生きています。

そのような女性は、脂肪吸引を受けることで、自分の人生をいっそう輝かせていきます。なぜなら、脂肪吸引は、彼女たちが抱いていたコンプレックスを解消し、背中を押すきっかけになるからです。

コンプレックスがある人は、自分に「ゆるぎない自信」を持ちにくく、積極的な行動をとりにくくなってしまいがちです。

「人の目が気になる」「自分の体型に自信がない」。このような気後れが積み重なり、性格まで消極的になることさえあります。

人生に対して前向きな姿勢になれないと、せっかくのチャンスを無駄にしてしまうことだってあるはずです。

けれども、脂肪吸引を受けてキレイな体を手に入れれば、今まで感じていたコンプレックスが解消され、何事にも積極的に取り組んでいけるようになります。

人の目を気にしなくてよいだけではありません。今まで我慢していたことに挑戦したり、新しい人間関係を築いたり、未知の世界が拓けたりするはずです。

「コンプレックスに悩む時間」というのは、人生で大きな損失となります。

もし、本書を読んでいるあなたが自分にコンプレックスを持っているのだとしたら、できるだけ早期にコンプレックスと縁を切り、「本当にやりたいことをやる人生」へとシフトするべきです。

コンプレックスを解消できると、心が明るくなり、日々の姿勢や態度が前向きなものへと変わります。すると笑顔が増え、周囲に人も増えます。

自ずとチャンスに恵まれ、自分の夢や目標に近づくことになるでしょう。

このような幸せの連鎖を生み出すきっかけが、「脂肪吸引」なのです。


昔から、さまざまなダイエット法が開発されてはメディアに取り上げられ、ブームが起こる、というサイクルが繰り返されてきました。

女性なら、誰でも一度はダイエットに挑戦したことがあるでしょう。

けれども、実際に「継続して続けられた人」は少ないのではないでしょうか。

無理のある計画を立て、心がすぐに折れてしまったり、一度は成功したとしても、リバウンドで体重が増えてしまうことも多いものです。

そして、このような一般的なダイエットにひそむ最大の罠は、「体を壊してしまうこと」。

それは「体重をとにかく減らしたい」と考えることから起こる悲劇です。

ダイエットを頑張っている女性の食事内容は「一日1000キロカロリー」に達していないこともあるそうです。

確かに、食事から摂るエネルギーを減らせば、体重は減るものです。

しかし、体重だけを減らしても栄養不足になったり、筋肉が減り過ぎてしまったり、体力が落ちて力が出せなくなったり、周囲からはやつれたように見られてしまったり……。「食べてはいけない」という強迫観念から、心のバランスを崩してしまうことさえあります。

ですから、「健康で美しい体づくり」を目的にして、苦しい方法ではなく、自分で続けられる方法を選び、理想の体を手に入れるべきです。

例え体が細くなって、ファッションの幅が広がっても、ほおがこけたり、ボディラインのメリハリが失われたり、全体的なボディバランスを崩してしまっては、「美しい体」「理想の体」とはいえません。自分に合っていない無理なダイエットは、本当に〝危険〟です。

運動や食事からアプローチをする通常のダイエットは、「体重を落とす方法」です。

一方、本書でお伝えしてきた脂肪吸引は、「スタイルを変える方法」です。

3ℓもの脂肪を除去しても、体重の変化は計算上、約マイナス2・7キログラムですが、見た目は大きく変わります。

もちろん「体重が減るとうれしい」気持ちはよく分かります。

数字によって、重さが「見える化」されると、自分自身の頑張りが評価されたような気持ちになるかもしれません。けれど実際、苦労をして1キログラム痩せても、誰もなかなか気づいてくれないものです。

例えば3キログラムくらい一気に痩せることができれば、気づいてもらえるかもしれません。

しかし、その3キログラムを通常のダイエットによって落とすのは、たいてい難しいことです。

その点、脂肪吸引は、体重の変化はあまりなくても見た目が大きく変わるため、スタイルアップが確実に叶います。

本当にスタイルアップしたいのなら、「体重」という数字に縛られるのではなく、「見た目」を変えることが一番です。そのために、脂肪吸引という方法を選択肢の一つに入れてみてはいかがでしょうか。

おわりに

私が美容医療に魅せられた理由。

それは、「結果がすぐに評価される世界」だということです。

美容医療の世界では、患者さんからの反応がダイレクトに届きます。

手術がうまくいってもいかなくても、それが私の実力としてはっきり突きつけられます。

ダメであれば患者さんに不満を言われ、努力すれば感謝が返ってきます。

結果をすぐに評価されることが私の性に合っているな、と感じます。

寿司を食べるなら、和食料理屋の一メニューではなく寿司屋で食べたいものです。

それがラーメンなら「たくさんのメニューがそろっている店」よりも「ラーメン一筋でスープを極めている店」で食べたいはず。同様に、私が患者なら、その道のスペシャリストに治療を頼みたいと思うことでしょう。

開業を決意したとき、同じように「一つのメニュー」で勝負できるクリニックをつくりたいと強く思いました。

開業前や開業直後に、経営に関する多くの書籍をむさぼるように読みました。最終的に私がたどり着いたのは、「つまるところ、みんな顧客ファーストと言っている」という結論でした。

この「顧客ファースト」は、言葉にすれば単純明快でシンプルです。サービス業に携わっていれば、どこでもその業界なりの「顧客ファースト」が求められているでしょう。また、「顧客ファーストをやっているつもり」の企業も多いと思います。

しかし、医療の現場ではどうでしょうか？

電話一本の応対、メール返信、会話、予約のとり方、当日の誘導方法、手術、会計、アフターケアに至るまで、すべてを徹底して追求しているクリニックというのは、なかなか見つけられないはずです。

「顧客ファースト」と言いながら何時間も待たせてしまったり、料金体系が分かりにくかったりするものです。

また、外科手術の世界では「術後の痛みなんて、当たり前」と思われています。しかし、本当にそれは「当たり前のこと」「我慢しなければいけないこと」なのでしょうか?

本編でも紹介しましたが、脂肪吸引という手術のあとに「翌日縫合フォロー」を行うことで、患者さんは術後の内出血と痛みを最小限に抑えられます。

もちろんクリニック側としては、設備やスタッフの手間など負担がかかります。経営者であれば「省略したい」という見方をする人がいても、おかしくはありません。けれど、顧客ファーストを考えると、やるべきことなのです。

どのような業種でも、専門に特化し、究極まで突き抜けたサービスを提供するブランドは、尊敬に値するものです。

行列のできるラーメン専門店や、予約の取りにくい寿司屋だって、同じことでしょう。

Amazonの創設者ジェフ・ベゾスは、その年度に上がった収益をすべて顧客サービスへの追加投資にまわしたといわれます。それがAmazonの類を見ない急成長の秘密だとも言われます。

医療分野における「顧客ファースト」はまだ始まったばかり、というのが私の偽らざる思いです。


そして今、私に課せられた使命は、「美容外科への偏見をなくすこと」だと感じています。

優秀で熱意あふれる諸先輩方のおかげで、一昔前に比べると、美容外科という領域に関しての偏見は少なくなってきました。ただ、脂肪吸引という分野に関しては「術後は何週間も動けなくなるほど痛い」というイメージを持っている方がまだまだ多いのが現実ではないでしょうか。

確かに一昔前は、手術に痛みを伴うこともありましたし、まれに事故もないわけではありませんでした。けれども今の時代、技術の目覚ましい進歩により、痛みを抑えた手術や入院の必要がない手術を行うことは十分に可能です。

「脂肪吸引をやってみたいなぁ、でも痛いんだろうなぁ」

このような思い込みが足かせとなって、最初の一歩を踏み出せない方に、正しい情報を提供することも、私の社会的な責務です。

そんな思いに駆られて、毎日、リアルな症例を載せたブログを更新しています。

そもそも、私が開業したのは「自分の言葉で患者さんと心から接したい」という気持ちが強かったからです。嘘のないところで、誠実に患者さんに向き合うには、自分で行動を起こすしかないと考えたのです。

美容医療業界というところは、どうしてもノルマや組織の方針から、個人的には勧めたくない施術でも勧めなければならないことがありえる世界です。

ですが、自身で独立してクリニックを経営すれば、本当によいと思った施術のみを厳選して採用することができます。

その結果、患者さんに対しても、一緒に働いているスタッフに対しても、常に誠実でいることができる環境が提供できます。

脂肪吸引という手術の性質上、同じ患者さんが「何度も定期的に通ってきてくれる」ということは、あまりありません。一度手術をした部位は、それ以上太くなることはないからです。

ですが、「強固な信頼関係を築くことができた」と感じられる瞬間に、私は多く恵まれています。

それは、過去の患者さんの紹介で、新しい患者さんが来院されたときです。

「友人の△△さんが、すごくいいって教えてくれたから、私もお願いしたいと思って……」

そのような評価をいただけることは、医師冥利に尽きます。

「人の人生をより豊かにできる医療」に従事していてよかった、と感謝したくなる瞬間です。

脂肪吸引で一人でも多くの患者さんが人生を豊かにできるよう、これからも全力を尽くしてまいります。

最後までお読みいただき、ありがとうございました。

２０２０年５月

長野寛史

【著者プロフィール】

長野寛史（ながの　ひろし）

1982年、岩手県生まれ。2006年に東京慈恵会医科大学医学部を卒業し、亀田総合病院に入職。その後東京慈恵会医科大学勤務を経て、2012年にTHE CLINIC（ザ クリニック）入職。福岡院院長、東京院院長を経て、2016年Mods Clinic（モッズクリニック）を開院する。ボディデザインにおける芸術と形成外科の融合であるVASER® 4D Sculpt™、コンデンスリッチファット療法の認定資格を取得し、脂肪吸引・脂肪注入分野の圧倒的な症例数を誇る。「綺麗になるための手術以外はしない」を信条とし、日々患者と向き合っている。学会での発表にも積極的に取り組んでおり、海外の新しい技術の動向にも精通している。

本書についての
ご意見・ご感想はコチラ

脂肪吸引革命

2020年6月1日　第1刷発行

著　者　　長野寛史
発行人　　久保田貴幸

発行元　　株式会社　幻冬舎メディアコンサルティング
〒151-0051　東京都渋谷区千駄ヶ谷4-9-7
電話 03-5411-6440（編集）

発売元　　株式会社　幻冬舎
〒151-0051　東京都渋谷区千駄ヶ谷4-9-7
電話 03-5411-6222（営業）

印刷・製本　瞬報社写真印刷株式会社
装　丁　　株式会社幻冬舎デザインプロ

検印廃止

Printed in Japan
ISBN 978-4-344-92801-5　C0095
幻冬舎メディアコンサルティングHP
http://www.gentosha-mc.com/